FELIX Neu

Lehrerband 1

C.C. Buchner

Herausgegeben von
Clement Utz (Regensburg) und
Andrea Kammerer (Neutraubling)

Felix Neu Lehrerband 1 wurde erarbeitet von
Reinhard Heydenreich (Forchheim), Dr. Michael Lobe (Nürnberg), Andrea Kammerer (Neutraubling) und Clement Utz (Regensburg).

Über weiteres fakultatives Begleitmaterial zu **Felix Neu** informiert Sie
C.C. Buchners Verlag · Postfach 1269 · D 96003 Bamberg.

1. Aufl. 1$^{5\,4\,3\,2\,1}$ 2014 13 12 11 10
Die letzte Zahl bedeutet das Jahr dieses Druckes.
Alle Drucke dieser Auflage sind, weil unverändert, nebeneinander benutzbar.

www.ccbuchner.de

Lektorat: Jutta Schweigert
Umschlag: Artbox Grafik und Satz GmbH, Bremen
Gesamtherstellung: creo Druck & Medienservice GmbH, Bamberg

ISBN 978-3-7661-**7564**-9

Inhalt

I. Allgemeiner Teil

Vorbemerkung

Das Lehrwerk FELIX Neu steht in der Tradition der im gleichen Verlag erschienenen Lehrwerkreihen ROMA und FELIX, deren bewährte konzeptionell-didaktische Prinzipien (z. B. sprachliche Solidität, Doppelseitenprinzip, Sequenzgliederung, Vorentlastung) bewusst beibehalten wurden.
FELIX Neu wurde jedoch im Hinblick auf die veränderten Rahmenbedingungen (deutlich reduziertes Stundenvolumen, früheres Einsetzen der 2. Fremdsprache, veränderte Disposition heutiger Schüler für das Erlernen der Reflexionssprache Latein) gründlich umgestaltet und gezielt weiter entwickelt. Insbesondere wurden Maßnahmen zur stofflichen Ökonomisierung (z. B. Ausrichtung am „Bamberger Wortschatz", Modifizierung der grammatikalischen Progression, Trennung zwischen obligatorischen und fakultativen Stoffen) und im Hinblick auf eine sich rasch verändernde Schülerschaft ergriffen (z. B. Aufbau einer Methodenkompetenz, Elemente zur Wiederholung und zum nachhaltigen Lernen).

Die folgenden Anliegen waren den Verfassern bei der Erarbeitung des Lehrwerks besonders wichtig:

- Befähigung der Schüler zur Lektüre der in der Schule gelesenen lateinischen Originaltexte durch gezielten Aufbau einer nachhaltig gesicherten Sprachkompetenz
- dauerhafte Motivation der Schüler durch ansprechende Texte, attraktive Übungen und verständliche Grammatikdarbietung
- didaktische Offenheit und methodische Freiheit für die Lehrkräfte durch die Möglichkeit flexibler Handhabung der konstitutiven Teile des Werks

Die Gliederung und Gestaltung des Lehrwerks und seiner Teile verdeutlicht die fachimmanenten Ordnungsprinzipien und unterstützt den Aufbau einer **Ordnung in der Vorstellungswelt** der Schüler.

1. Die Sequenzen

Der **thematische Rahmen** ist durch die Gliederung in Sequenzen vorgegeben.
Die Lektionstexte sind in feste **Themenkreise** eingebunden, die den Schülern ein geschlossenes Bild ausgewählter kultureller Inhalte vermitteln und eine vertiefte Beschäftigung mit diesen ermöglichen. Jede Sequenz widmet sich einem interessanten und altersgerecht aufbereiteten Thema:
Zuerst lernen die Kinder einen ganz begrenzten Ausschnitt Roms und der römischen Welt kennen (*Auf dem Forum*), bevor sich ihr Blick auf andere wichtige Plätze der Stadt weitet (*In Rom*) und dann als Gegenpol zum Stadtleben das Landleben beleuchtet wird (*Auf dem Land*). Schließlich wechselt der Schauplatz und der Untergang von Pompeji steht im Mittelpunkt des Interesses (*Pompeji*). Abgerundet wird das Bild, das sich der Lateinanfänger von der antiken Welt macht, durch Mythen der römischen Vor- und Frühgeschichte (*Rom – Wille der Götter*) und schließlich durch Episoden um ausgewählte Helden aus der griechischen Mythologie (*Griechische Mythen*).
In den ersten Sequenzen begleiten die Schüler eine sog. **Lehrbuchfamilie** durch leicht vorstellbare Situationen und manche Abenteuer. Die dadurch erreichte Lebendigkeit und die entstehende **Plastizität** der antiken Figuren sollen den Bezug zum Alltagsleben unserer Schüler erleichtern und zu vergleichenden Betrachtungen anregen. Die zahlreichen Zeichnungen und Rekonstruktionen helfen den Schülern, sich ein lebendiges Bild von der Antike zu machen. Sobald auf diese Weise der Zugang zu der antiken Welt erschlossen ist, treten die **Identifikationsfiguren** zurück: Die Ereignisse um Pompeji und die Geschichten aus dem antiken Mythos garantieren per se **Vorstellbarkeit** und Lebendigkeit.
In den folgenden Sequenzen wird die europäische Kontinuität antiker Kulturleistungen von verschiedenen Seiten beleuchtet: Zum einen wird der Schüler in einer lokalhistorischen Sequenz mit den Spuren der Römer in seiner Heimat konfrontiert *(Leben in der Provinz)*, zum anderen wird die Abhängigkeit der römischen Kultur von der griechischen thematisiert *(Reise nach Sizilien)*. Dazu kommen Texte über die Frühzeit Roms und über bedeutende historische Persönlichkeiten wie *Cäsar und Augustus*.
Teilweise wird in diesen Sequenzen mittels weiterer **Identifikationsfiguren** ein narrativer Rahmen der dargestellten Ereignisse geschaffen, um gerade bei abstrakten Stoffen den Zugang zu erleichtern – wie z. B. bei den Themen „Römisches Bürgerrecht" oder „Griechische Philosophen", teilweise sprechen die Texte – auf Grund ihres **narrativen** oder **sachlich-informativen** Charakters – für sich.
Es folgt eine Sequenz *„Römische Kaiser"*, in der zuerst das Thema Augustus unter einem neuen Blickwinkel wiederaufgegriffen wird, um dann die Kaiser der julischen-claudischen Dynastie in chronologischer Folge darzustellen – und zwar vor dem Hintergrund des aktuellen Forschungsstandes der Geschichtswissenschaft.
Die nächste Sequenz *(Aus der Welt der Griechen)* bietet repräsentative Einblicke in griechisches Alltags- und Kulturleben: Olympische Spiele, Philosophie, Tragödie, Mythos.
Mit dem Thema *„Untergang und Neuanfang"* kehren wir wieder nach Rom zurück und ziehen die großen geschichtlichen

Linien von der späten Kaiserzeit bis hin zur christlichen Wende mit Konstantin und Karl dem Großen als Vater Europas. Die folgende Sequenz *(Rom überschreitet die Grenzen)* ist in Fortführung der narrativen Rahmenhandlungen als zusammenhängende Geschichte konzipiert: Römische Ingenieure unterhalten sich anlässlich des Baus eines Aquädukts in der Provence über die jeweiligen Erlebnisse und Erfahrungen in den Provinzen Gallien und Britannien. Dabei gerarten sowohl geschichtliche als auch kulturhistorische bedeutsame Phänomene in den Blick (z. B. Cäsars Britannienexpedition).
Abgerundet und abgeschlossen wird der Band mit einer Art „Who's who" der griechischen und lateinischen Antike *(Wissen und Macht)* und mit dem Thema „Schule und Erziehung" *(Lernen und Lehren)*, das von verschiedenen Standpunkten und Zeiten aus beleuchtet wird.
So wird in ausgewogener Weise sowohl der Ereignis- und Kultur- wie auch der Personengeschichte Rechnung getragen.
Jede Sequenz wird eingeleitet durch eine Auftakt-Doppelseite, den sog. **Sequenzteiler.** Dieser hat zweifache Funktion: Er setzt eine deutliche Zäsur, die neue Motivation verspricht, und führt in lockerer Form zu den Inhalten der folgenden Sequenz hin. Oft leisten dies Dialoge zwischen FELIX und seiner Reisegruppe – unterstützt von detailreichen Zeichnungen, die den Schüler zum Entdecken anregen und Fragen provozieren sollen.

2. Die Stofflektionen

Im folgenden Schaubild wird die idealtypische Anlage einer Lehrbuchlektion (Doppelseite) vorgestellt:

Lektionstext
Kernstück der Lektion (verbindlich zu behandeln); enthält den neuen Grammatikstoff und alle neuen Vokabeln

Übungen gelb
kurze Texte zur sprachlichen Vorentlastung (ohne nuen Wortschatz)

sprachliche Übungen ohne neuen Wortschatz (Ausnahme: mit ■ gekennzeichnete Stoffträger)

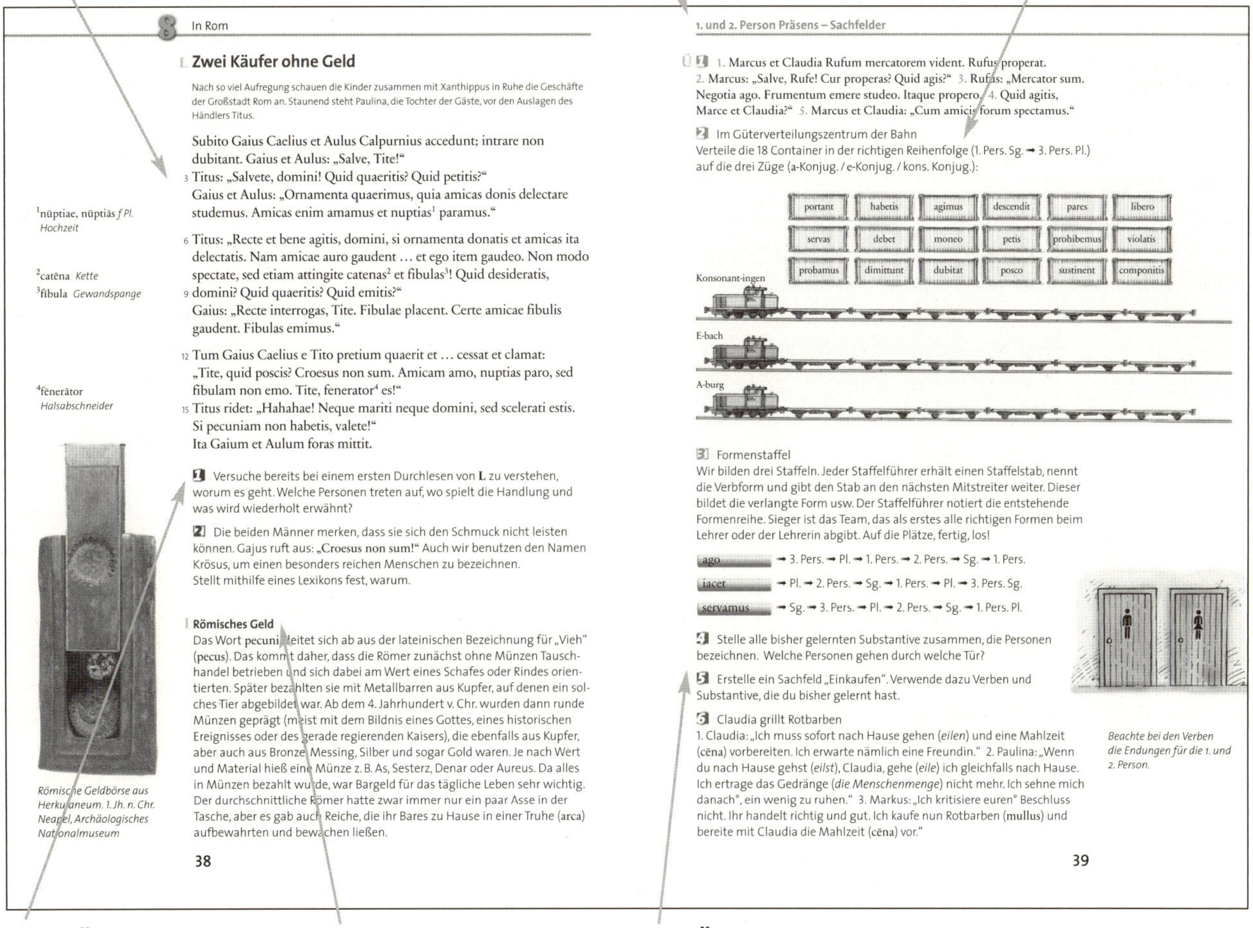

8 In Rom

Zwei Käufer ohne Geld

Nach so viel Aufregung schauen die Kinder zusammen mit Xanthippus in Ruhe die Geschäfte der Großstadt Rom an. Staunend steht Paulina, die Tochter der Gäste, vor den Auslagen des Händlers Titus.

Subito Gaius Caelius et Aulus Calpurnius accedunt; intrare non dubitant. Gaius et Aulus: „Salve, Tite!"
Titus: „Salvete, domini! Quid quaeritis? Quid petitis?"
Gaius et Aulus: „Ornamenta quaerimus, quia amicas donis delectare studemus. Amicas enim amamus et nuptias[1] paramus."

Titus: „Recte et bene agitis, domini, si ornamenta donatis et amicas ita delectatis. Nam amicae auro gaudent … et ego item gaudeo. Non modo spectate, sed etiam attingite catenas[2] et fibulas[3]! Quid desideratis, domini? Quid quaeritis? Quid emitis?"
Gaius: „Recte interrogas, Tite. Fibulae placent. Certe amicae fibulis gaudent. Fibulas emimus."

Tum Gaius Caelius e Tito pretium quaerit et … cessat et clamat: „Tite, quid poscis? Croesus non sum. Amicam amo, nuptias paro, sed fibulam non emo. Tite, fenerator[4] es!"
Titus ridet: „Hahahae! Neque mariti neque domini, sed scelerati estis. Si pecuniam non habetis, valete!"
Ita Gaium et Aulum foras mittit.

[1] nūptiae, nūptiās *f Pl.* *Hochzeit*
[2] catēna *Kette*
[3] fībula *Gewandspange*
[4] fēnerātor *Halsabschneider*

1 Versuche bereits bei einem ersten Durchlesen von **L** zu verstehen, worum es geht. Welche Personen treten auf, wo spielt die Handlung und was wird wiederholt erwähnt?

2 Die beiden Männer merken, dass sie sich den Schmuck nicht leisten können. Gajus ruft aus: „**Croesus non sum!**" Auch wir benutzen den Namen Krösus, um einen besonders reichen Menschen zu bezeichnen. Stellt mithilfe eines Lexikons fest, warum.

Römische Geldbörse aus Herkulaneum. 1. Jh. n. Chr. Neapel, Archäologisches Nationalmuseum

Römisches Geld
Das Wort pecunia leitet sich ab aus der lateinischen Bezeichnung für „Vieh" (pecus). Das kommt daher, dass die Römer zunächst ohne Münzen Tauschhandel betrieben und sich dabei am Wert eines Schafes oder Rindes orientierten. Später bezahlten sie mit Metallbarren aus Kupfer, auf denen ein solches Tier abgebildet war. Ab dem 4. Jahrhundert v. Chr. wurden dann runde Münzen geprägt (meist mit dem Bildnis eines Gottes, eines historischen Ereignisses oder des gerade regierenden Kaisers), die ebenfalls aus Kupfer, aber auch aus Bronze, Messing, Silber und sogar Gold waren. Je nach Wert und Material hieß eine Münze z. B. As, Sesterz, Denar oder Aureus. Da alles in Münzen bezahlt wurde, war Bargeld für das tägliche Leben sehr wichtig. Der durchschnittliche Römer hatte zwar immer nur ein paar Asse in der Tasche, aber es gab auch Reiche, die ihr Bares zu Hause in einer Truhe (arca) aufbewahrten und bewachen ließen.

38

1. und 2. Person Präsens – Sachfelder

Ü 1 1. Marcus et Claudia Rufum mercatorem vident. Rufus properat. 2. Marcus: „Salve, Rufe! Cur properas? Quid agis?" 3. Rufus: „Mercator sum. Negotia ago. Frumentum emere studeo. Itaque propero." 4. Quid agitis, Marce et Claudia?" 5. Marcus et Claudia: „Cum amicis forum spectamus."

2 Im Güterverteilungszentrum der Bahn
Verteile die 18 Container in der richtigen Reihenfolge (1. Pers. Sg. → 3. Pers. Pl.) auf die drei Züge (a-Konjug. / e-Konjug. / kons. Konjug.):

3 Formenstaffel
Wir bilden drei Staffeln. Jeder Staffelführer erhält einen Staffelstab, nennt die Verbform und gibt den Stab an den nächsten Mitstreiter weiter. Dieser bildet die verlangte Form usw. Der Staffelführer notiert die entstehende Formenreihe. Sieger ist das Team, das als erstes alle richtigen Formen beim Lehrer oder der Lehrerin abgibt. Auf die Plätze, fertig, los!

ago → 3. Pers. → Pl. → 1. Pers. → 2. Pers. → Sg. → 1. Pers.
iacet → Pl. → 2. Pers. → Sg. → 1. Pers. → Pl. → 3. Pers. Sg.
servamus → Sg. → 3. Pers. → Pl. → 2. Pers. → Sg. → 1. Pers. Pl.

4 Stelle alle bisher gelernten Substantive zusammen, die Personen bezeichnen. Welche Personen gehen durch welche Tür?

5 Erstelle ein Sachfeld „Einkaufen". Verwende dazu Verben und Substantive, die du bisher gelernt hast.

6 Claudia grillt Rotbarben
1. Claudia: „Ich muss sofort nach Hause gehen (*eilen*) und eine Mahlzeit (cēna) vorbereiten. Ich erwarte nämlich eine Freundin." 2. Paulina: „Wenn du nach Hause gehst (*eilst*), Claudia, gehe (*eile*) ich gleichfalls nach Hause. Ich ertrage das Gedränge (*die Menschenmenge*) nicht mehr. Ich sehne mich danach°, ein wenig zu ruhen." 3. Markus: „Ich kritisiere euren° Beschluss nicht. Ihr handelt richtig und gut. Ich kaufe nun Rotbarben (mullus) und bereite mit Claudia die Mahlzeit (cēna) vor."

Beachte bei den Verben die Endungen für die 1. und 2. Person.

39

Übungen blau
Aufgaben zur Texterfassung und Texterschließung

Informationstext
Vorentlastung und Abrundung

Übungen rot
weiteres sprachliches Trainingsmaterial zum aktuellen Grammatikstoff und zur phasenverschobenen Stoffumwälzung

Im Normalfall können für die Behandlung einer **Lehrbuchlektion 3–4 Unterrichtsstunden** veranschlagt werden (vgl. 7).

3. Die Wiederholungslektionen

Den Sequenzauftaktseiten entsprechen am Ende jeder Sequenz zweiseitige Wiederholungslektionen (W), die reiches Material zur Vertiefung und Abrundung des gelernten Stoffes und der behandelten Thematik bieten. Da sie keinen neuen Stoff enthalten, ist ihre Behandlung fakultativ.

Die **erste Seite** steht jeweils unter dem Motto **„Lesen mit Felix"**. Sie möchte nicht dem Übersetzungstraining dienen, sondern zur Lektüre anregen. Deshalb bietet sie **lateinische Texte**, die der Schüler weitgehend auch ohne wörtliche Übersetzung erschließen kann. Die leichte Verstehbarkeit der Texte wird durch einfaches, da syntaktisch wenig komplex strukturiertes und bezüglich der Wortwahl vielfach redundantes Latein, aber auch durch die Art der Darbietung erreicht, wie z. B. durch die unterstützenden Bilderfolgen eines Comic oder die Formulierung im „Mischlatein". Die so gestalteten Abschnitte festigen beim Schüler durch das intendierte Leseerlebnis bereits im Sprachunterricht die Vorstellung, dass lateinische Texte **interessante und verstehbare Lektüre** bieten.

Die **zweite Seite** unter dem Motto **„Üben mit Felix"** dient dagegen vorwiegend dem Sprach- und Übersetzungstraining:

Schematisch lässt sich die Doppelseite „Lesen und Üben mit Felix" folgendermaßen darstellen:

Übersetzungstest in der Form einer Klassenarbeit

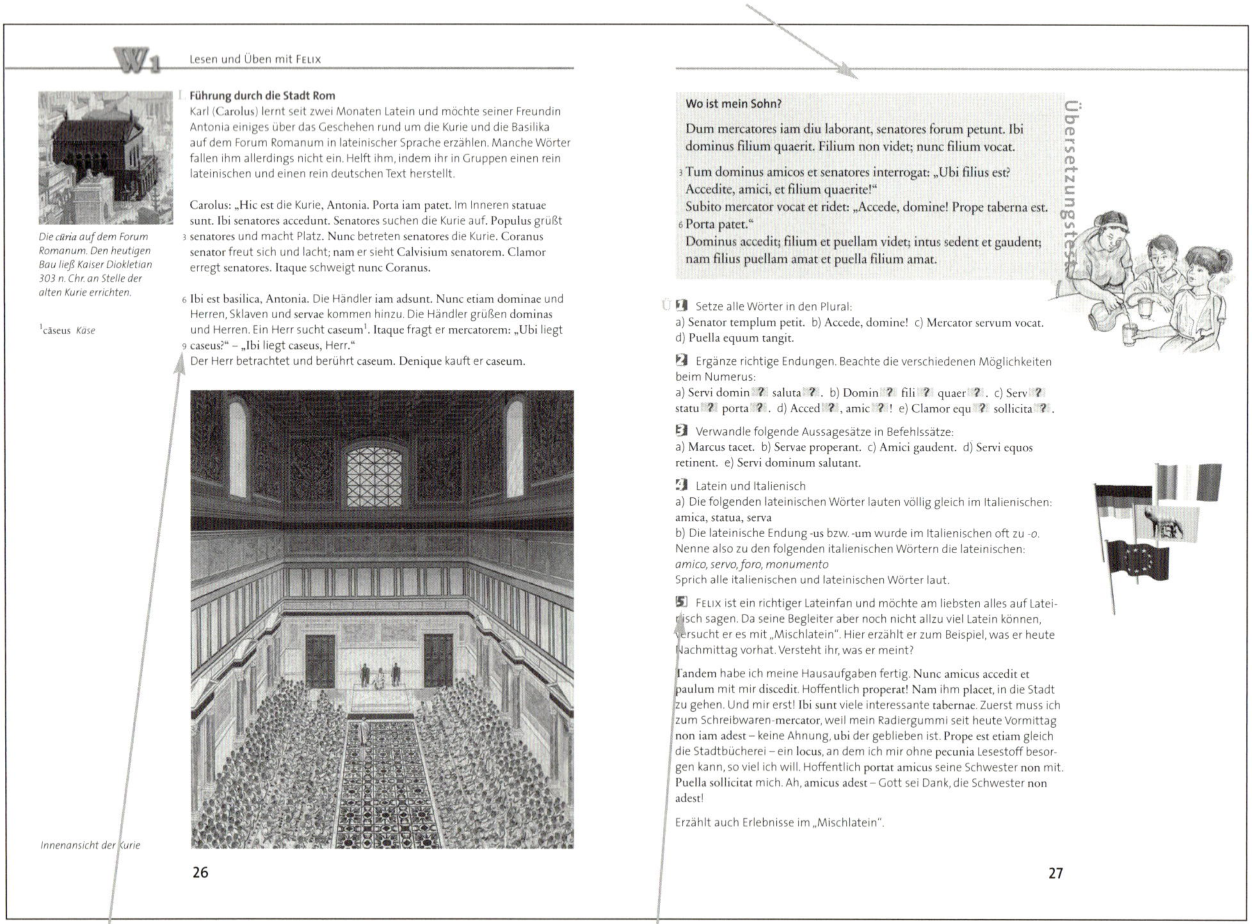

W1 Lesen und Üben mit Felix

Führung durch die Stadt Rom

Karl (Carolus) lernt seit zwei Monaten Latein und möchte seiner Freundin Antonia einiges über das Geschehen rund um die Kurie und die Basilika auf dem Forum Romanum in lateinischer Sprache erzählen. Manche Wörter fallen ihm allerdings nicht ein. Helft ihm, indem ihr in Gruppen einen rein lateinischen und einen rein deutschen Text herstellt.

Carolus: „Hic est die Kurie, Antonia. Porta iam patet. Im Inneren statuae sunt. Ibi senatores accedunt. Senatores suchen die Kurie auf. Populus grüßt senatores und macht Platz. Nunc betreten senatores die Kurie. Coranus senator freut sich und lacht; nam er sieht Calvisium senatorem. Clamor erregt senatores. Itaque schweigt nunc Coranus.

Ibi est basilica, Antonia. Die Händler iam adsunt. Nunc etiam dominae und Herren, Sklaven und servae kommen hinzu. Die Händler grüßen dominas und Herren. Ein Herr sucht caseum[1]. Itaque fragt er mercatorem: „Ubi liegt caseus?" – „Ibi liegt caseus, Herr."
Der Herr betrachtet und berührt caseum. Denique kauft er caseum.

Die cūria auf dem Forum Romanum. Den heutigen Bau ließ Kaiser Diokletian 303 n. Chr. an Stelle der alten Kurie errichten.

[1] cāseus *Käse*

Innenansicht der Kurie

26

Wo ist mein Sohn?

Dum mercatores iam diu laborant, senatores forum petunt. Ibi dominus filium quaerit. Filium non videt; nunc filium vocat.
Tum dominus amicos et senatores interrogat: „Ubi filius est? Accedite, amici, et filium quaerite!"
Subito mercator vocat et ridet: „Accede, domine! Prope taberna est. Porta patet."
Dominus accedit; filium et puellam videt; intus sedent et gaudent; nam filius puellam amat et puella filium amat.

Übersetzungstest

Ü 1 Setze alle Wörter in den Plural:
a) Senator templum petit. b) Accede, domine! c) Mercator servum vocat. d) Puella equum tangit.

2 Ergänze richtige Endungen. Beachte die verschiedenen Möglichkeiten beim Numerus:
a) Servi domin ? saluta ? . b) Domin ? fili ? quaer ? . c) Serv ? statu ? porta ? . d) Acced ? , amic ? ! e) Clamor equ ? sollicita ? .

3 Verwandle folgende Aussagesätze in Befehlssätze:
a) Marcus tacet. b) Servae properant. c) Amici gaudent. d) Servi equos retinent. e) Servi dominum salutant.

4 Latein und Italienisch
a) Die folgenden lateinischen Wörter lauten völlig gleich im Italienischen: amica, statua, serva
b) Die lateinische Endung -us bzw. -um wurde im Italienischen oft zu *-o*. Nenne also zu den folgenden italienischen Wörtern die lateinischen: *amico, servo, foro, monumento*
Sprich alle italienischen und lateinischen Wörter laut.

5 Felix ist ein richtiger Lateinfan und möchte am liebsten alles auf Lateinisch sagen. Da seine Begleiter aber noch nicht allzu viel Latein können, versucht er es mit „Mischlatein". Hier erzählt er zum Beispiel, was er heute Nachmittag vorhat. Versteht ihr, was er meint?

Tandem habe ich meine Hausaufgaben fertig. Nunc amicus accedit et paulum mit mir discedit. Hoffentlich properat! Nam ihm placet, in die Stadt zu gehen. Und mir erst! Ibi sunt viele interessante tabernae. Zuerst muss ich zum Schreibwaren-mercator, weil mein Radiergummi seit heute Vormittag non iam adest – keine Ahnung, ubi der geblieben ist. Prope est etiam gleich die Stadtbücherei – ein locus, an dem ich mir ohne pecunia Lesestoff besorgen kann, so viel ich will. Hoffentlich portat amicus seine Schwester non mit. Puella sollicitat mich. Ah, amicus adest – Gott sei Dank, die Schwester non adest!

Erzählt auch Erlebnisse im „Mischlatein".

27

Lateinischer Lesetext
leicht verstehbar durch
- einfache Sprache
- Aufbereitung

Weitere sprachliche Übungen
- wiederholend
- vertiefend
- systematisierend

4. Die Übungen

Die Behandlung der Übungen ist prinzipiell fakultativ; ihre Konzeption verfolgt zwei Hauptziele:

1. **Effektivität** (vor allem im Hinblick auf die Schaffung eines Ordnungsrahmens und im Hinblick auf sprachliche und inhaltliche Texterfassung)

2. **Attraktivität** (der Altersstufe entsprechend, auch durch den spielerischen Charakter der Übungen)

Diese beiden Ziele werden auf folgende Weise angestrebt:

- Die Übungen werden – gekennzeichnet durch unterschiedliche Farben – in ihrer **Funktion** typisiert. Dadurch werden die methodischen Möglichkeiten bei der Verwendung der Übungen erweitert und ein rascher Zugriff ermöglicht. In jeder Lektion finden sich in fester Reihenfolge folgende Übungstypen:

    - Übungen mit **blauer Markierung**: Sie verweisen in ihrer Farbe auf L und dienen der Texterfassung und **Texterschließung**.

    - Übungen mit **gelber Markierung**: Sie sind auf die Darbietung und **Einübung des neuen Grammatikstoffes** ausgerichtet. Sie enthalten keinen Wortschatz der neuen Lektion (Ausnahme: stoffgebundene Vokabeln) und können deshalb vor L behandelt werden. Dies bietet dem Lehrer eine zusätzliche methodische Möglichkeit: gezielte Festigung des neuen sprachlichen Phänomens vor dessen Anwendung im Lektionstext. Damit wird dem Anliegen jüngerer Überlegungen in der Fachdidaktik Rechnung getragen, sprachliche Phänomene vorentlastend und nicht unmittelbar am Text zu erarbeiten.

    - Übungen mit **roter Markierung**: Sie ermöglichen vertiefendes **sprachliches Training** zur aktuellen Lektion oder die Umwälzung und gezielte Wiederholung von bereits vorher gelernten Grammatikphänomenen.

- Zusätzlich wurde eine weitere Differenzierung der Übungen vorgenommen: Manche Übungen sind invers gekennzeichnet; damit sind **handlungsorientierte Übungen** und solche mit Spiel- und Wettbewerbscharakter besonders hervorgehoben. Ihrer Intention gemäß sprechen sie Schülerpaare oder -gruppen an und sind deshalb im Plural formuliert. Sie reichen von Rollenspielen zur Texterschließung über knifflige Rätsel bis zu wiederkehrenden Spielformen wie „Formenstaffel" oder „Formentelefon". Diese Übungen kommen im Durchschnitt in jeder Lektion einmal vor und können bei allen drei Übungstypen auftreten.

- Besonders häufig trifft man auf Übungen, die der **Systematisierung** der Sprachphänomene dienen. Es ist ein wichtiges Anliegen, die Vielfalt der Formen zu ordnen und gerade Anfängern einen Ordnungsrahmen vor Augen zu führen, in den sie von Bekanntem ausgehend neue Phänomene einpassen können. So gibt es immer wieder Zuordnungsübungen zu Singular und Plural, zu den Zeiten, den Kasus, den Arten der Perfektbildung, zu Konjugations- und Deklinationsklassen.

Bilde zu jeder Form den Infinitiv Präsens und speichere die Verben im jeweils richtigen Dateiordner.

a-Konjugation

e-Konjugation

konsonantische Konjugation

clamat – patet – dimittit – petunt – iacet – comprehendit – aedificant – gaudet – tacet – quaerit – agunt – accedit – habet

- Im Hinblick auf das vorrangige Ziel des Sprachunterrichts, die Schulung der Übersetzungsfähigkeit, erhalten Übungen, die das **Denken am Satz** – und nicht nur an der Einzelform – verlangen, besonderes Gewicht.

Ich sehe alles!

Insulae ardent. – Video insulas ardere.
Mache auch die folgenden Sätze von video abhängig und notiere sie. Unterstreiche dann – wie im Beispiel – die Veränderungen.
a) Mercator laborat. b) Viri equos tenent. c) Homines in viis stant. d) Puer ludit. e) Puellae discedunt. f) Nuntius accedit. g) Amici litus petunt. h) Familiares in villam properant.

- Da die Praxis zeigt, dass beim Gymnasialanfänger die Fähigkeit, eigene Fehler zu finden und zu verbessern (z. B. bei der Besprechung der Hausaufgabe oder beim abschließenden Durchlesen einer Prüfungsaufgabe), gezielt gefördert werden muss, finden sich immer wieder Übungen zur **Fehleranalyse**; meist tritt dabei FELIX als eifriger, aber verbesserungswürdiger Latein-Lerner auf.

FELIX bildet Substantivformen im Akkusativ Plural (siehe unten). Nicht immer macht er alles richtig. Nenne ihm die fehlerhaften Formen. Gib ihm zusätzlich einen Tipp, welche Art von Fehler er jeweils gemacht hat, z. B. Numerus (N), Kasus (K), Deklinationsklasse (D). So kann er sich selbstständig verbessern und aus seinen Fehlern lernen. Ein Mitschüler spielt FELIX.

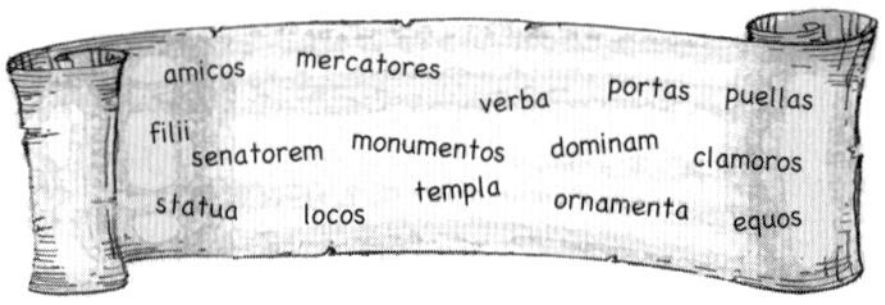

- Deutsche **Fremd- und Lehnwörter** verstehen, **Fachbegriffe** beherrschen – dies sind Fertigkeiten, die der Lateinschüler seinen Kameraden, die sich für eine andere Sprache entschieden haben, oft voraushat. Kontextorientierte Übungen aus diesen Bereichen sollen zur Nutzung dieser Kompetenz in der Praxis motivieren.

- Die inhaltlich orientierten Aufgaben (blaue Markierung) führen die Schüler an die Techniken der **Texterfassung und Texterschließung** heran: Das Gliedern in Sinnabschnitte, die Untersuchung des Spannungsaufbaus eines narrativen Textes, die Analyse von Wortwahl und Satzbau oder das Belegen von Aussagen durch Textzitate sind Methoden, die für erfolgreiches Arbeiten in allen gymnasialen Fächern Grundvoraussetzung sind.
  Auch die Möglichkeiten gestalterisch-kreativer Texterfassung und produktiver Rezeption werden ausgeschöpft: Von Pantomimen über Bildergeschichten bis hin zu Fächer übergreifenden Projekten finden sich zahlreiche Anregungen.

Die Übungen sind in ihrer Idee und **graphischen Umsetzung** z. T. aufwändig aufbereitet (z. B. Speichern von Verbformen in Dateien, Beladen von Zügen mit Substantivformen), um Abstraktes zu veranschaulichen und die Motivation der Schüler zu erhöhen. In ihrer überwiegenden Mehrzahl lassen sich die Übungen mit **geringem zeitlichen Aufwand** bearbeiten und so gemäß ihrer unterstützenden Funktion zielgerichtet in einzelnen Phasen einer Unterrichtsstunde einbringen.
Der Lehrerband enthält im dritten Teil die **Lösungen** zu den sprachlichen Übungen; sie sind als **Kopiervorlagen** aufbereitet, die der Lehrer je nach methodischer Vorgehensweise z. B. auf Folie brennen oder als Lösungsblatt für Freiarbeitsphasen vervielfältigen kann.

5. Die Wortschatz- und Grammatikseiten

Die Wortschatz- und Grammatikteile sind Lektionen begleitend angelegt; sie stehen im Begleitband. Sie sind – je nach Stoff / Lektion – unterschiedlich umfangreich, weisen jedoch in ihren Bestandteilen regelmäßig die gleiche Abfolge auf: Zuerst erscheint der Wortschatz (immer auf einer neuen Seite beginnend), dann werden die grammatischen Stoffe dargeboten.

Das folgende Schaubild vermittelt die übliche Struktur am Beispiel einer zweiseitigen Anlage:

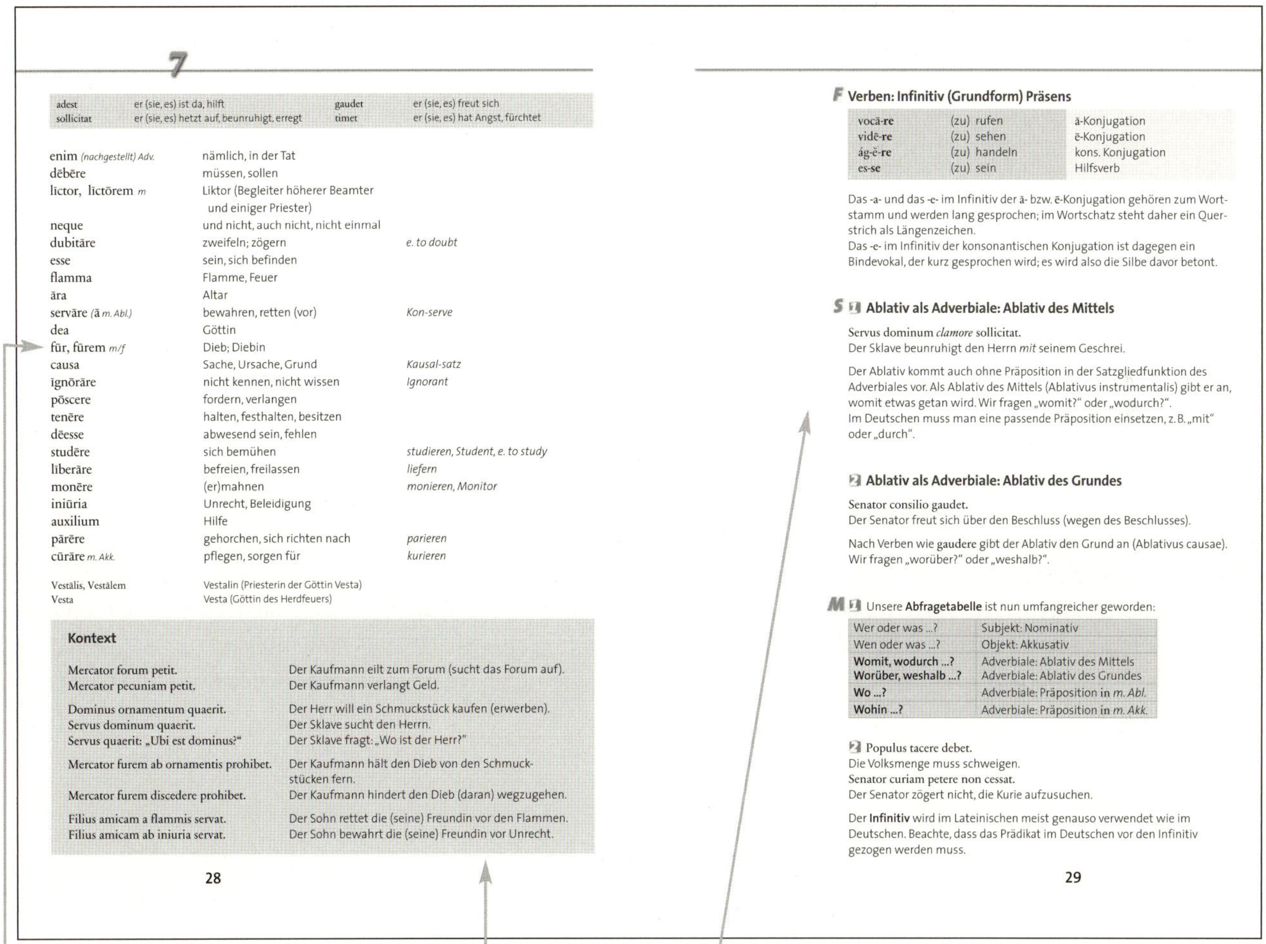

7

adest	er (sie, es) ist da, hilft	gaudet	er (sie, es) freut sich
sollicitat	er (sie, es) hetzt auf, beunruhigt, erregt	timet	er (sie, es) hat Angst, fürchtet

enim *(nachgestellt) Adv.*	nämlich, in der Tat	
dēbēre	müssen, sollen	
līctor, līctōrem *m*	Liktor (Begleiter höherer Beamter und einiger Priester)	
neque	und nicht, auch nicht, nicht einmal	
dubitāre	zweifeln; zögern	*e. to doubt*
esse	sein, sich befinden	
flamma	Flamme, Feuer	
āra	Altar	
servāre *(ā m. Abl.)*	bewahren, retten (vor)	*Kon-serve*
dea	Göttin	
fūr, fūrem *m/f*	Dieb; Diebin	
causa	Sache, Ursache, Grund	*Kausal-satz*
īgnōrāre	nicht kennen, nicht wissen	*Ignorant*
pōscere	fordern, verlangen	
tenēre	halten, festhalten, besitzen	
dēesse	abwesend sein, fehlen	
studēre	sich bemühen	*studieren, Student, e. to study*
līberāre	befreien, freilassen	*liefern*
monēre	(er)mahnen	*monieren, Monitor*
iniūria	Unrecht, Beleidigung	
auxilium	Hilfe	
pārēre	gehorchen, sich richten nach	*parieren*
cūrāre *m. Akk.*	pflegen, sorgen für	*kurieren*
Vestālis, Vestālem	Vestalin (Priesterin der Göttin Vesta)	
Vesta	Vesta (Göttin des Herdfeuers)	

Kontext

Mercator forum petit.	Der Kaufmann eilt zum Forum (sucht das Forum auf).
Mercator pecuniam petit.	Der Kaufmann verlangt Geld.
Dominus ornamentum quaerit.	Der Herr will ein Schmuckstück kaufen (erwerben).
Servus dominum quaerit.	Der Sklave sucht den Herrn.
Servus quaerit: „Ubi est dominus?“	Der Sklave fragt: „Wo ist der Herr?“
Mercator furem ab ornamentis prohibet.	Der Kaufmann hält den Dieb von den Schmuckstücken fern.
Mercator furem discedere prohibet.	Der Kaufmann hindert den Dieb (daran) wegzugehen.
Filius amicam a flammis servat.	Der Sohn rettet die (seine) Freundin vor den Flammen.
Filius amicam ab iniuria servat.	Der Sohn bewahrt die (seine) Freundin vor Unrecht.

28

F Verben: Infinitiv (Grundform) Präsens

vocā-re	(zu) rufen	ā-Konjugation
vidē-re	(zu) sehen	ē-Konjugation
ág-ĕ-re	(zu) handeln	kons. Konjugation
es-se	(zu) sein	Hilfsverb

Das -a- und das -e- im Infinitiv der ā- bzw. ē-Konjugation gehören zum Wortstamm und werden lang gesprochen; im Wortschatz steht daher ein Querstrich als Längenzeichen.
Das -e- im Infinitiv der konsonantischen Konjugation ist dagegen ein Bindevokal, der kurz gesprochen wird; es wird also die Silbe davor betont.

S 1 Ablativ als Adverbiale: Ablativ des Mittels

Servus dominum *clamore* sollicitat.
Der Sklave beunruhigt den Herrn *mit* seinem Geschrei.

Der Ablativ kommt auch ohne Präposition in der Satzgliedfunktion des Adverbiales vor. Als Ablativ des Mittels (Ablativus instrumentalis) gibt er an, womit etwas getan wird. Wir fragen „womit?“ oder „wodurch?“.
Im Deutschen muss man eine passende Präposition einsetzen, z. B. „mit“ oder „durch“.

2 Ablativ als Adverbiale: Ablativ des Grundes

Senator consilio gaudet.
Der Senator freut sich über den Beschluss (wegen des Beschlusses).

Nach Verben wie gaudere gibt der Ablativ den Grund an (Ablativus causae). Wir fragen „worüber?“ oder „weshalb?“.

M 1 Unsere **Abfragetabelle** ist nun umfangreicher geworden:

Wer oder was ...?	Subjekt: Nominativ
Wen oder was ...?	Objekt: Akkusativ
Womit, wodurch ...?	Adverbiale: Ablativ des Mittels
Worüber, weshalb ...?	Adverbiale: Ablativ des Grundes
Wo ...?	Adverbiale: Präposition in *m. Abl.*
Wohin ...?	Adverbiale: Präposition in *m. Akk.*

2 Populus tacere debet.
Die Volksmenge muss schweigen.
Senator curiam petere non cessat.
Der Senator zögert nicht, die Kurie aufzusuchen.

Der **Infinitiv** wird im Lateinischen meist genauso verwendet wie im Deutschen. Beachte, dass das Prädikat im Deutschen vor den Infinitiv gezogen werden muss.

29

Wortschatz
- Wörter zum Wiederholen
- neue Wörter und Wendungen:
  dreispaltige Anlage:
  - lateinisches Wort
  - deutsche Bedeutung(en)
  - Fremd- und Lehnwörter, etymolog. Verweise, englische Vokabeln

Lernhilfen zum Wortschatz
- Kontext
- Latein lebt
- Wortfamilien
- Wort- und Sachfelder
- Bilder, Veranschaulichung

Grammatik
einheitliche Gliederung:
- **F:** Formenlehre
- **S:** Satzlehre oder Semantik
- **T:** Textgrammatik (selten)
- ***M***: Methodenkompetenz (Hinweise zur Methodik des Lernens und Übersetzens, auch überfachlich)

induktive Anlage der S-Teile:
Beispielsätze → Regel/Erläuterung
einfache Erklärungen, auch für eigenständiges Erarbeiten oder Wiederholen durch die Schüler

Die Hinweise zur Darbietung von Wortschatz und Grammatik für den Lehrer im Begleitband (S. 4f.) seien ausdrücklich zur Lektüre empfohlen.

Die Abfolge der Stoffkapitel des Grammatikteils wird an mehreren Stellen durch **„Felix-Tipps"** unterbrochen. Diese dienen der **Systematisierung** und Festigung der Formenlehre, schulen die Fähigkeit, Wortformen im Hinblick auf ihre syntaktische Funktion einzuordnen, und geben mit Hinweisen zur Wortbildung **praktische Tipps** zum Erlernen des Wortschatzes.
Angelegt sind sie als Dialog zwischen einem Schüler, der seine Schwierigkeiten mit manchem gelernten Phänomen anspricht, und Felix, der versucht, diesen mit Ratschlägen aus Schülersicht abzuhelfen. So werden wichtige Phänomene, wie z. B. die Bildungsweise der Tempora, aus **Schülerperspektive** noch einmal aufgerollt. Dadurch dass auf diese Weise rückblickend und Phänomen übergreifend Regeln herausgestellt werden, wird im Kopf des Schülers der Aufbau eines Ordnungsrasters gefördert.

6. Stoffverteilung und grammatische Progression

Umfang, Abfolge und Art der Darbietung sprachlicher Phänomene orientieren sich eng an den Vorgaben der Lehrpläne und Richtlinien.

Die den einzelnen Lektionen zugewiesenen Bausteine der lateinischen Grammatik sind in eine behutsame **Progression** gebracht. Wichtige und typische lateinische Spracherscheinungen treten möglichst früh auf. Diese Stoffverteilung erlaubt es auch, die Lektionstexte relativ frühzeitig (inhaltlich und sprachlich) ansprechend zu gestalten.
Dem Prinzip, häufige Phänomene früh darzubieten, folgt beispielsweise auch die Abfolge der Kasus (also Akkusativ und Ablativ vor Genitiv und Dativ). Da die Kasus ihre Funktion erst im Satzganzen erhalten und die Einordnung in den Satz (das „Abfragen") für den Lateinanfänger ein zentrales Problem darstellt, werden zu Beginn des Lehrgangs die Kasus in zwei (der Ablativ in drei) aufeinander folgenden Lektionen vorgestellt (jeweils erst a-/o-Deklination, dann 3. Deklination auf -or).
Stoffe, die erfahrungsgemäß leicht verwechselt werden (z. B. Pronomina, aber auch Substantive der gleichen Paradigmengruppe wie arx, ars, pars oder mens, mons, mors), sind – um so genannte Ähnlichkeitshemmungen zu vermeiden – in ihrer Behandlung voneinander getrennt.

Die **Verteilung der Stoffe auf die einzelnen Lektionen** wurde auch in dem Bestreben vorgenommen, die Gefahr der Phänomenüberladung (quantitativ) zu vermeiden und nicht zu oft heterogene Teilgebiete nebeneinander zu behandeln. Häufig kann ein und dasselbe sprachliche Phänomen in einer Lektion aus morphologischer und syntaktischer (bzw. semantischer) Perspektive behandelt werden (z. B. 5: Formen des Akkusativs – Akkusativ als Objekt; 14: Formen der Adjektive – Adjektiv als Attribut; 18: Perfektformen – Verwendung des Perfekts; 44: Konjunktiv Impf. – Konjunktiv als Irrealis). Wo eine derartige Kombination der Stoffe nicht möglich war, wurden möglichst nicht mehr als zwei oder drei Stoffgebiete in einer Lektion zusammengefasst. In einigen Fällen gelang es auch, das Grammatikpensum einer Lektion auf ein Stoffgebiet zu beschränken.

7. Die Behandlung der grammatischen Stoffe

Die folgenden Hinweise zur unterrichtspraktischen Arbeit mit Felix Neu erfolgen mit der Einschränkung, dass die Durchnahme einzelner Stoffe immer an eine konkrete unterrichtliche Situation gebunden ist. Daher werden hier keine Stundenmodelle geboten; auch Rechenschaftsablagen, Lernzielkontrollen u. Ä. bleiben unberücksichtigt.
Es wird vielmehr die Behandlung des **Grammatikstoffs einer Lektion in mehreren Phasen** vorgestellt. Eine Erweiterung oder Verknüpfung der Modelle ist sicher möglich, andererseits eignet sich nicht jedes Modell für jede Lektion. Die erläuterten Modelle sollen auch belegen, dass mit dem Buch ganz verschiedene methodische Wege beschritten werden können und eine abwechslungsreiche Gestaltung des Unterrichtsablaufs möglich ist.

MODELL 1: Vorerschließung des Grammatikstoffes mit Ü (gelb)

a) Erarbeitung des gesamten Grammatikstoffes anhand von Ü (gelb markierte Übung zur Vorentlastung); Grammatikteil
b) Behandlung von L (mit inhaltlicher Erschließung), ggf. mit Hilfe von Ü (blau markierte Übungen)
c) Vertiefung, ggf. Systematisierung des Grammatikstoffes anhand von L, weitere Einübung anhand von Ü (rot markierte Übungen)

Modell 1 ist beispielsweise zu empfehlen, wenn sich der Grammatikstoff anhand der ersten gelb markierten Übung klarer strukturieren und systematischer darbieten lässt als anhand von L und / oder wenn die inhaltliche Erschließung von L nicht durch grammatische Erläuterungen unterbrochen werden soll.
Hinweis: Die gelb markierten Übungen (zur Vorentlastung) sowie die Beispielsätze des Grammatikteils enthalten wegen der intendierten Vorerschließung noch keinen neuen Wortschatz.

MODELL 2: Erarbeitung des Grammatikstoffes aus L

a) Vorerschließung von L (inhaltlich), ggf. anhand von Ü (blau markierte Übungen)
b) Erarbeitung von L; dabei Behandlung und Systematisierung des Grammatikstoffes; Grammatikteil
c) Vertiefung und Einübung des Grammatikstoffes anhand von Ü
d) Inhaltliche Erschließung und Vertiefung von L, ggf. mit Hilfe von Ü (blau markierte Übungen)

Modell 2 ist beispielsweise zu empfehlen, wenn L inhaltlich (einschließlich wichtiger Wörter und Wendungen) problemlos vorerschlossen und strukturiert werden kann und / oder wenn der Grammatikstoff in sinnvoller Abfolge oder wesentlichen Teilen bei der Behandlung von L zu erarbeiten ist.
Hinweis: Bei entsprechender Verteilung der Grammatikphänomene auf L sollte an eine geteilte Behandlung des Grammatikstoffes gedacht werden.

MODELL 3: Vorwegbehandlung des Grammatikstoffes

a) (lehrbuchunabhängige) Erarbeitung und Systematisierung des gesamten Grammatikstoffes; Grammatikteil
b) Einübung des Grammatikstoffes anhand von Ü (gelb und rot markierte Übungen)
c) Behandlung von L (mit inhaltlicher Erschließung), ggf. mit Hilfe von Ü (blau markierte Übungen)

Modell 3 ist beispielsweise zu empfehlen, wenn die Behandlung des Grammatikstoffes problemlos (oder besonders effizient) lehrbuchunabhängig durchgeführt werden kann und / oder wenn die Lektüre und inhaltliche Erschließung von L hohen Eigenwert beanspruchen.

MODELL 4: Lektionsübergreifende Behandlung von Grammatikstoffen

a) Erarbeitung des Grammatikstoffes mehrerer Lektionen anhand von Ü (gelb markierte Übungen); Grammatikteil
b) Behandlung (mit inhaltlicher Erschließung) mehrerer thematisch kohärenter L-Stücke
c) Wiederholung und Vertiefung der Grammatikstoffe (lektionsübergreifend) mit Hilfe von Ü (rot markierte Übungen)

Modell 4 ist beispielsweise zu empfehlen, wenn die thematische Kohärenz mehrerer L-Stücke und die zusammenhängende Lektüre und Erschließung umfangreicherer Textpartien betont werden sollen und die Grammatikstoffe mehrerer Lektionen anhand von Ü hinreichend vorerschlossen werden können.

8. Die Gestaltung der Wortschätze

Der Erarbeitung, Einübung und Wiederholung des Wortschatzes kommt wegen der Häufigkeit von Fehlern, die aus diesem Bereich in Prüfungsarbeiten festzustellen sind, besondere Bedeutung zu. Daher werden über die **Hinweise** zur Darbietung von **Wortschatz und Grammatik** für die Lehrkräfte (Begleitband, S. 4f.) hinaus im Folgenden die Kriterien für die Darbietung des Wortschatzes erläutert und methodische Anregungen zur Wortschatzarbeit gegeben.

Felix Neu erfügt über einen statistisch kontrollierten, überlegt ponderierten und verlässlich umgewälzten Grundbestand von **knapp 1300 lateinischen Lernvokabeln**.
Der Wortschatz basiert auf den statistischen Untersuchungen zum „Bamberger Wortschatz": Die ca. 1250 Wörter des Basisvokabulars (Wortkunde adeo-NORM) sind weitgehend enthalten, weitere Vokabeln wurden aus dem so genannten Kulturwortschatz oder auf Grund ihres Vorkommens bei mehreren relevanten Autoren einbezogen. Auch die deutschen Bedeutungen, die im Projekt „Bamberger Wortschatz" corpusbezogen (also im Hinblick auf die Schullektüre) ermittelt wurden, sind mit der Wortkunde adeo-NORM abgestimmt.

Die deutliche **Reduzierung** der Gesamtmenge von Lernvokabeln im Vergleich zu älteren Lehrwerken lässt auch erwarten, dass die Behaltensquote erheblich gesteigert werden kann.
Die Rekurrenz des Wortschatzes in den jeweils folgenden L-Stücken wurde besonders beachtet; durch die Einbeziehung der Übungen ist gewährleistet, dass das gesamte Vokabular intensiv umgewälzt wird.

Den Wortschätzen sind (ab Lektion 6) **Wiederholungsvokabeln** vorgeschaltet, die für das Übersetzen des aktuellen L-Textes wichtig sind und so aufgefrischt werden. Auf diese Weise wird dem Schüler bewusst gemacht, dass es sinnvoll ist, Wörter nicht nur systematisch, sondern auch im Kontext einer Lektion zu wiederholen. Es empfiehlt sich, die im Buch vorgegebenen Wörter vor der Behandlung von L zu einem Teil der Hausaufgabe zu machen und die Schüler außerdem dazu anzuhalten, bei jeder Übersetzung individuell nicht gewusste „Wiederholungswörter" zu notieren und in gleicher Weise zu festigen.

Die Wörter und Wendungen sind im **Wortschatz** in der **Reihenfolge ihres Vorkommens** aufgelistet. In den Wortschatzlisten erscheinen auch diejenigen Vokabeln, die als „Träger" des jeweiligen Grammatikstoffes in den Ausführungen zur Grammatik wiederkehren (z. B. das Pronomen is, ea, id). Dies soll einerseits die Verteilung und Zuordnung von Wortschatz und grammatischen Phänomenen nachvollziehbar machen; andererseits vergrößert es auch die methodische Freiheit der Lehrkraft im unterrichtlichen Vorgehen.

Auch einige andere **Grammatikstoffe** sind – im Hinblick auf eine ökonomische und pragmatische Vermittlung – (zum Teil zusätzlich) im Wortschatz erfasst. Es handelt sich dabei um

- Verben mit vom Deutschen abweichender Kasusrektion (z. B. carēre) bzw. mit unterschiedlichen Kasusrektionen im Lateinischen (z. B. consulere),
- Kollokationen / Wendungen zu wichtigen Verbvalenzen (z. B. pretium quaerere ā oder nōn dubitāre, quīn),
- Wendungen zu einigen Kasusfunktionen (z. B. multōs annōs),
- andere Wendungen, deren Wiedergabe mit gelernten Bedeutungen nicht möglich ist (z. B. grātiās agere) oder von der geläufigen Struktur abweicht (z. B. mediā in viā).

Wo es erforderlich ist, steht in diesen Fällen ein erläuternder Zusatz als Hilfe für die Schüler bzw. als Hinweis für denjenigen Lehrer, der das Phänomen genauer ansprechen möchte; regelmäßig sind Kasusrektionen (z. B. carēre *m. Ablativ*) und Kasusfragen (z. B. multōs annōs *wie lange?*) vermerkt.

Als **Lernhilfe** für die Schüler, aber auch als Anregung für die Lehrkraft ist die exemplarische Darbietung von schwer zu lernenden Vokabeln anhand von so genannten Markersätzen bzw. in Minimalkontexten zu verstehen; unter der Rubrik **„Kontext"** wird an Beispielen vorgeführt, wie Vokabeln mit stark voneinander abweichenden Bedeutungen und / oder schwierigen Kasusrektionen verfügbar gemacht werden können.
Der Hilfestellung beim Lernen, aber auch der Motivation dienen die Rubrik **„Latein lebt"**, die **Wortfamilien, Sachfelder** und **Bilder**, die im Zusammenhang mit dem Wortschatz exemplarisch geboten werden (unter dem Wortschatz oder der Grammatik der jeweiligen Lektion).

9. Die Wortschatzarbeit

Das **Leitprinzip** jeder Wortschatzarbeit kann nicht stark genug betont werden:
Die Behandlung des Wortschatzes hat *im* Unterricht ihren Ausgangspunkt, *im* Unterricht werden die Vokabeln eingeführt und in ihrem Gebrauch und ihren Bedeutungen erläutert; das Verlagern der Wortschatzarbeit ausschließlich auf die Hausaufgabe ist abzulehnen. Die Wortschatzarbeit sollte die folgenden vier Aspekte stets im Auge haben:

- Syntaktische Eigenschaften der Vokabeln
- Wortbildung, Laut- und Formenlehre
- Bedeutungsdifferenzierung (im Kontext)
- Fortwirken in modernen Sprachen, Fachsprachen und verschiedenen kulturellen Bereichen

Häufig ist es freilich so, dass diese vier Aspekte in der Unterrichtspraxis nicht isoliert eingebracht werden, sondern bei verschiedenen Übungen, Arbeitsaufträgen und Arbeitsformen in unterschiedlicher Kombination zur Geltung kommen.

Auf der methodischen Ebene sollten die folgenden **Prinzipien** beachtet werden:

1. Das Erfassen der Wortbedeutungen aus dem Kontext

Dieses Verfahren ist insbesondere zur Einführung neuer Vokabeln geeignet.
Unter Kontext ist sowohl der Textzusammenhang des L-Stückes wie auch der Minimalkontext zu verstehen, der vom Lehrer geboten wird oder exemplarisch in der Rubrik „Kontext" gegeben ist. Es ist auch daran zu denken, die Schüler selbst solche Kontexte bilden zu lassen – vor allem wenn sie im Umgang mit dem Wortschatz schon geübter sind.

2. Das Erschließen unterschiedlicher Bedeutungen und syntaktischer Eigenschaften von Wörtern (mit Hilfe des Kontextes)

Schon bei der Erstbegegnung mit Vokabeln sollte vom Kontext ausgegangen werden, auch Lernerfolgskontrollen sollten entsprechend gestaltet sein. So können auch Teilbereiche der traditionellen Kasussyntax mit abgedeckt werden (vgl. etwa die Kasusrektionen zu spoliāre, querī, carēre).

3. Das Beachten von etymologischen Bezügen sowie von Regeln zu Wortbildung und Lautlehre

Bei Vokabeln, zu denen etymologisch verwandte Wörter bereits gelernt wurden, erfolgt ein Hinweis in der rechten Spalte des Wortschatzes als Merkhilfe (z.B. dūcere bei addūcere).
Grundsätzlich sollten nur solche Regeln zu Wortbildung und Lautlehre angesprochen werden, deren Kenntnis den Schülern eine echte Lernhilfe bietet, also zur Lautlehre etwa der Ablaut (bonus – bene) oder die Assimilation (ad-currō > accurrō), im Bereich der Wortbildung die in den FELIX-Tipps (Begleitband, S. 61f.) angeführten Prä- und Suffixe; auch die Gestaltung der „Fußnoten" im Lateinbuch ist darauf abgestimmt. Bei der Darbietung des Wortschatzes sollte auch die Rubrik „Wortfamilien" genutzt werden.

4. Das Einbeziehen des Kulturwortschatzes (Lehn- und Fremdwörter, Fachausdrücke) sowie von geeigneten Vokabeln aus modernen Fremdsprachen

Die rechte Spalte des Wortschatzes und die Rubrik „Latein lebt" können den enormen Wirkungsgrad der lateinischen Sprache auf die gesamte abendländische Kultur verdeutlichen. Für die Unterrichtspraxis ist zu bedenken, dass den Schülern manche uns geläufig erscheinende Fremdwörter und Fachausdrücke unbekannt sind, dass manche englische Vokabel vielleicht noch nicht geläufig ist. Bei Übungen sollten Fremdwörter und Fachausdrücke immer wieder in sinnvolle deutsche Sätze eingebettet werden.

5. Das Bilden von Wort- und Sachfeldern

Durch das Zusammenstellen von Vokabeln zu semantischen Feldern wird die Fähigkeit zur semantischen Erschließung von Wortbedeutungen und damit auch von Texten gefördert. Aufgaben dazu sind auch verknüpfbar mit Übungen zur Wortbildung, etwa beim Zusammenstellen von Gegensatzpaaren oder Synonymen. Die mit Bildunterstützung gebotenen Sachfelder des Grammatikteils sollen Anregungen geben, die Schüler auch selbst zur Veranschaulichung zeichnen zu lassen.

6. Die Betonung des „Dreiklangs" Sehen, Sprechen, Schreiben

Die uralte pädagogische Erkenntnis, dass das Zusammenwirken dieser drei Komponenten beim Lernen besonders effizient ist, sollte nicht eingeschränkt werden auf das betrachtende Einprägen, das altbewährte Vorsprechen von Wörtern durch den Lehrer mit folgendem Chorsprechen der Schüler und das Abschreiben in ein Vokabelheft.
Unter „Sehen" sollte auch die Visualisierung von Vokabeln auf Tafel oder Folie (auch durch die Schüler), im Buch oder durch konkrete Gegenstände verstanden werden, unter „Sprechen" auch das Sprechen im Kontext, in kleinen dialogischen Szenen. Und mit „Schreiben" ist schließlich auch die Vokabelkartei oder die Verwendung entsprechender EDV-Programme gemeint.

7. Die regelmäßige Wiederholung des Wortschatzes

Für die lektionsbezogene Wiederholung sollten die Wiederholungsvokabeln, die vor den Wortschätzen stehen, herangezogen werden; es erscheint sinnvoll, diese regelmäßig vor der Behandlung einer Lektion aufzugeben.
In regelmäßigen Abständen sollte der Wortschatz auch lektionsweise wiederholt werden. Dabei gilt die erste Wiederholung nach der Einführung und dem ersten Erlernen als

wichtigster Schritt für dauerhaftes Behalten; die erste Wiederholung eines Lektionswortschatzes sollte daher noch innerhalb der drei oder vier Stunden, die für die Behandlung einer Lektion zu veranschlagen sind, stattfinden. Weitere Wiederholungen folgen in regelmäßigen Abständen, die sich zunehmend vergrößern.
Bei der Wiederholung sollte wie bei der Darbietung und Einübung methodisch variiert werden; begleitende Arbeitsaufträge könnten den Blick auf besondere Schwierigkeiten lenken.
(Beispiel: Stelle die Verben zusammen, die im Lateinischen und Deutschen den gleichen Objektskasus haben, die im Lateinischen einen anderen Objektskasus haben als im Deutschen, die einen AcI bei sich haben, die einen Präpositionalausdruck bei sich haben.)

Zu diesen Prinzipien sei auch auf die **Lerntipps** für die Schüler in den Wortschatz- und Grammatikteilen zu Lektion 1, 3 und 6 verwiesen.

Je nach Grammatikstoff und Inhalt von L stehen folgende **Modelle für die Neueinführung** von Vokabeln zur Wahl; natürlich sind auch Mischformen möglich:

MODELL 1:

a) Neueinführung des Wortschatzes anhand von L, ggf. (bei umfangreicheren Wortschätzen) geteilt in mehrere Blöcke
b) Einübung und Vertiefung des Wortschatzes anhand von Ü (rot markierte Übungen), Kontexten, Wortfamilien, Wort- und Sachfeldern, Vokabelverzeichnis (3. Spalte), Latein lebt

In diesem Fall empfiehlt sich eine Vorwegbehandlung des Grammatikstoffes, um dem Schüler während der Erarbeitung von L nicht zwei unbekannte Stoffbereiche zuzumuten.

MODELL 2:

a) Neueinführung des Wortschatzes anhand von Kontexten, Vokabelverzeichnis, Wortfamilien, Wort- und Sachfeldern o. Ä.; je nach Anzahl der Vokabeln können sie in einzelne Blöcke geteilt werden.
b) Einübung und Vertiefung des Wortschatzes anhand von L, Ü (rot markierte Übungen), Latein lebt

Modell 2 empfiehlt sich unter anderem dann, wenn der Grammatikstoff anhand von L erarbeitet werden soll.

10. Methodenkompetenz

Im Textband sind mehrfach Doppelseiten eingefügt, die gezielt dem Aufbau und der Schulung einer fachlichen wie auch überfachichen Methodenkompetenz dienen (M-Seiten): zur Arbeit mit dem Lateinbuch, zur Nutzung archäologischer Quellen, zur Informatrionsbeschaffung und zur Arbeit mit Wortkunde und Wörterbuch.

Dazu gibt es im Begleitband immer wieder ergänzende Hinweise zum Lernen und Übersetzen (M-Teile), die die Schüler auf spezielle Schwierigkeiten aufmerksam machen und ihne praktische Ratschläge geben.

11. Obligatorik und Freiraum

Im Hinblick auf die Durchnahme von Wortschatz und Grammatik ist ausschließlich die Behandlung der **Lektionstexte (L) obligatorisch.**
Alle **Übungen (Ü)** sowie die **Wiederholungslektionen (W)** sind prinzipiell **fakultativ**; die Auswahl einzelner Teile steht im Ermessen der Lehrkraft.
Darüber hinaus bietet das Lehrwerk durch die **Markierung fakultativer Elemente** Möglichkeiten zur **Auslagerung einzelner Stoffe** aus der Sprachlehrphase, um so die Kernkompetenzen stärker hervortreten zu lassen und die Freiräume für Schulen und Lehrkräfte zu erhöhen. Daher sind im Begleitband (Inhaltsverzeichnis und Überschriften) einzelne Grammatikphänomene mit *extra* markiert; die Behandlung dieser Stoffbausteine ist fakultativ. Ihre Auswahl orientiert sich an neueren Lehrplänen und Richtlinien ebenso wie an Rückmeldungen aus der Praxis.

- Es handelt sich insbesondere um solche sprachlichen Phänomene, die auch über den Wortschatz abgesichert sind; eine explizite Behandlung als Grammatikstoff wird angeboten, ist jedoch fakultativ. Beispiele sind die Indefinitpronomina (z. B. aliquis), die unregelmäßige Steigerung, einzelne Kasusfunktionen (z. B. Genitiv des Wertes, doppelter Akkusativ), Differenzierungen zur 3. Deklination (z. B. Genitiv Pl. -ium) oder einzelne Verwendungen des Konjunktivs (z. B. im Relativsatz).

- Außerdem werden am Ende des Lehrwerks Grammatikstoffe dargeboten, die nach den Vorgaben einzelner Lehrpläne oder den Beschlüssen von Fachkonferenzen nicht zwingend in der Lehrbuchphase zu behandeln sind; auch sie sind entsprechend markiert.

12. Felix

Die Figur des Felix ist in ihrem Verhalten bewusst nicht festgelegt, sie oszilliert und lässt den Schülern Deutungsmöglichkeiten offen. Felix soll die Schüler in ihrem „Sitz im Leben" abholen, eine unverkrampfte Haltung gegenüber dem Latein und der Antike zeigen und erzeugen, hochtrabend ausgedrückt: ein Vorbild „historischer Kommunikation" sein.

Wo und in welcher Funktion Felix auftaucht, zeigt folgende Übersicht:

Wo?	Wozu?
Sequenzteiler	• Rahmenhandlung „Zeitreise" (Felix als Reiseführer im Dialog mit der Reisegruppe); historische Kommunikation; lockere Hinführung zum Thema
Übungen (sporadisch)	• Fehlerdiagnose (Felix als Schüler, der Fehler macht); Identifikation • Perspektivenwechsel (Felix hat ähnliche Erlebnisse wie die Figuren in L); Identifikation; existentieller Transfer • Auflockerung (Felix macht Spaß); Motivation

Die Felix-Figur begegnet uns also **nur in fakultativen Teilen des Lehrwerks**, nicht im Grammatik- und Wortschatzteil und nicht im zentralen Lektionsstück (L). Es bleibt dem Lehrer demnach freigestellt, ob er die Figur nutzen möchte oder nicht – der Schüler wird sich in jedem Fall mit ihr beschäftigen.

II. Lektionenteil

1. Sequenz: Auf dem Forum (L 1–5)

Die Zeitreise ins alte Rom vor etwa 2000 Jahren beginnt auf dem Forum, dem Zentrum des römischen Reiches. Die wichtigsten Bauwerke werden vorgestellt und in ihren Funktionen erläutert. Allmählich erwacht die zunächst statisch vorgeführte Welt zu pulsierendem Leben. Die anfänglich nur beschriebenen Vorgänge entwickeln sich mit dem Fortschreiten der sprachlichen Möglichkeiten zu szenisch gestalteten Interaktionen, z. B. im Laden eines Goldschmieds oder beim Auftritt eines Senators. Doch nicht nur der Luxus der Reichen, sondern auch die schwierigen Lebensbedingungen der einfachen Leute werden antiker Realität entsprechend berücksichtigt.

Der Text „Auf nach Rom" soll vor allem eine unverkrampfte Erstbegegnung mit dem Lateinischen ermöglichen und Interesse bei den Schülern wecken. Dies geschieht zum einen durch die Fiktion einer Zeitreise nach Rom, zum anderen durch die Identifikationsfigur FELIX, die im gleichen Alter wie die Schüler ist und als Leiter der „Reisegesellschaft" fungiert. Er wendet sich direkt an die Schüler, wobei er – ausgehend von einigen einfachen englischen Wörtern – Latein als Grundlage vieler europäischer Sprachen vorstellt.

1 Im Zentrum von Rom

F Substantive: Nominativ Singular (a-/o-Deklination)

Die Lektion macht die Schüler mit dem Ort vertraut, der vor 2000 Jahren das Zentrum der Welt bildete, zunächst in statischer Form. Dem entspricht die Beschränkung auf Substantive. Anhand des Nominativ Sg. muss das Phänomen der Endung in seiner grundsätzlichen Bedeutung als Signal für Kasus, Numerus, Genus und Deklinationsklasse erarbeitet werden, wobei Differenzierungen und Ausnahmen noch keine Rolle spielen sollten. Auch die Artikellosigkeit als Unterschied zur Muttersprache gehört zum grammatischen Stoff. Hinzu kommen erste Ausspracheregeln (z. B. st, c).

Doppelseite 14f.

Erklärt werden die Gebäude im Uhrzeigersinn; beim Foto auf S. 15 wird begonnen mit der Rednertribüne (rostra).

- **rostra**: Rednerbühne aus augusteischer Zeit. Der Name leitet sich von den daran befestigten Rammspornen eroberter Schiffe her.
- Links davon der Triumphbogen des **Septimius Severus:** 203 n. Chr. anlässlich des Sieges über die Parther errichtet.
- **Basilica Aemilia:** erbaut 179 v. Chr. vom Censor Aemilius Lepidus.
- Daran anschließend der **Tempel des Antoninus Pius**, den er 141 n. Chr. im Gedenken an seine Frau Faustina errichten ließ.
- Im Bildhintergrund das 79/80 n. Chr. eröffnete Amphitheatrum Flavium, wegen der noch lange Zeit erhaltenen Kolossalstatue Neros seit dem Mittelalter **Kolosseum** genannt.
- Gegenüber der Rednertribüne der von Augustus **zu Ehren des Divus Iulius erbaute Tempel** an dessen Verbrennungsplatz.
- Rechts daneben der **Augustusbogen**, der 29 v. Chr. zur Erinnerung an den Sieg gegen Marcus Antonius und Kleopatra 31 v. Chr. bei Aktium eingeweiht wurde.
- Seitlich anschließend und gegenüber der Basilica Aemilia **die Basilica Iulia**: wurde von Augustus begonnen, wichtige Stätte für Gerichtssitzungen. Davor verschiedene Ehrendenkmäler.

Auf der Mitte des Forum stand ein **Reiterstandbild Domitians.**

1 Der Leseauftrag in dieser Aufgabe kann zu einer kurzen Thematisierung der Aussprache lateinischer Wörter führen. Die Frage nach dem Zweck der Bauwerke ist im Fall von templum und statua über die entsprechenden Lehnwörter problemlos zu erschließen, die Begriffe monumentum und basilica erfordern Zusatzerklärungen des Lehrers.

2 Hier handelt es sich um eine Aufgabe, die den detektivischen Scharfsinn der Schüler anspornt und ihnen den Unterschied zwischen Idealrekonstruktion und heutiger Wirklichkeit antiker Überreste vor Augen führt.

Doppelseite 16f.

Die Doppelseite 16f. führt das **Personarium der Lehrbuchfamilie** vor, wie es von L 1 bis L 23 präsent bleiben wird. Anhand der Vielzahl der Personen sollte der Unterschied zwischen dem modern verengten und dem antiken Begriff von Familie als Hausgemeinschaft thematisiert werden. Bei der abgebildeten Villa handelt es sich um ein Haus reicher Leute, ein Atrium- bzw. Peristylhaus, wie es in Rom bis zum 2. Jh. n. Chr. zu finden war. Der Lehrer könnte auf Besonderheiten wie das quadratische Regenauffangbekken (impluvium) unterhalb der Dachaussparung (compluvium) hinweisen (wo die Hausherrin Cynthia steht), auf den säulenumstandenen Garten (Peristyl) bzw. auf das dem Eingang typischerweise gegenüberliegende Arbeitszimmer des Hausherrn (tablinum), in dem auch das Familienarchiv aufbewahrt wurde. Hausherr Quintus selbst steht in einem an das Atrium angrenzenden Schlafzimmer (cubiculum).

1 und **2** Diese Aufgaben lassen sich am übersichtlichsten in Form einer Tabelle lösen, die Genera können zunächst über Personen und Bauwerke erschlossen und anschließend differenziert werden, die Bedeutung der Artikellosigkeit lässt sich mit Übersetzungsvarianten anhand der Personen (Individuum oder Typ) erfassen.

2 Treffpunkt Forum

F 1 Substantive: Nominativ Plural (a-/o-Deklination)
2 Verben: 3. Person Präsens (a-/e-Konjugation)

S 1 Subjekt und Prädikat
2 Substantiv als Prädikatsnomen

L Inhaltlich ist L dreigegliedert: Zunächst werden die vier Freunde eingeführt, die gemeinsam die Abenteuer der ersten Sequenz erleben (Z. 1–4), im Anschluss werden im deiktischen Gestus (hic, ibi) Bauwerke des Forums vorgestellt (Z. 5–8). Der letzte Abschnitt (Z. 9–16) zeigt die Kinder schon in einem einfachen Dialog.
In den Z. 1–4 kommen bewusst nur die Formen des Hilfsverbs est und sunt vor, sodass die Aufmerksamkeit der Schüler sich auf die Substantive der a-/o-Deklination Maskulinum/Femininum in Sg. und Pl. richten kann; hier sollte auch das Phänomen der Kongruenz verdeutlicht werden.
Der Mittelabschnitt ist bei den Substantiven erweitert um Neutrum Sg. (templum/forum) und Pl. (monumenta) und bei den Verben um die 3. Pers. Sg. und Pl. der e-Konjugation. Die Z. 9–16 führen zusätzlich die 3. Pers. Sg. und Pl. der Verben der a-Konjugation ein.
Anhand des letzten Satzes sollte der Lehrer die Schüler für die Eigenart des Fragesatzes sensibilisieren (Fragewort zu Beginn).

1 und **2** Während Aufgabenstellung 1 vorrangig die 3. Pers. Sg. übt, könnten bei Übung 2 Paare gebildet werden und so auch die 3. Pers. Pl. berücksichtigt werden, etwa: Hic Claudia filia et Marcus filius sunt.

Ü **1** trainiert die grammatische Metasprache. Wird die Übung als schriftliche Hausaufgabe aufgegeben, könnte der Lehrer die Abkürzungen von S. 16 verwenden lassen, etwa zu filii: *m Pl.* für Maskulinum Pl.

2 und **3** sind Transformationsübungen zur Schulung der Sicherheit in Singular- und Pluralgebrauch bei Verben und Substantiven.

4 verdeutlicht die Notwendigkeit der Kongruenz.

5 Anhand einfacher Sätze, die ins Lateinische wiedergegeben werden sollen, aktiviert der Schüler sein Wortschatzwissen und wendet das Phänomen der Kongruenz praktisch an.

3 Die Geschäfte beginnen

F 1 Substantive: Nominativ (3. Deklination)
2 Verben: 3. Pers. Präsens
(konsonantische Konjugation)

S 1 Subjekt im Prädikat
2 Substantiv als Attribut

L Motivierender Einstieg für diese Lektion könnte die Betrachtung der Illustration auf S. 21 sein, die auf das Thema „Geschäfte" hindeutet. Es ist aber auch denkbar, mit Aufgabe 2 zu beginnen: Sie bereitet inhaltlich auf das Thema vor und wiederholt zugleich viele bisher gelernte Verben der a-/e-Konjugation – als Kontrast zur in L neu thematisierten konsonantischen Konjugation.
Inhaltlich ist 3 L dreigeteilt: Z. 1–3 spielen vor dem Senatsgebäude, an dem zwei Senatoren eintreffen. Z. 4–7 stellen den auf Kundschaft wartenden Kaufmann Alfius in den Mittelpunkt, in den Z. 8–11 treten die Kinder mit ihm in ein Gespräch ein, während in Z. 12f. mit dem Auftritt des Goldschmieds das Thema des nächsten Kapitels angedeutet wird.
Anhand der Z. 1–3 kann der Lehrer die Schüler durch den Kontrast zwischen Singular- und Pluralendung senator/senatores die Eigenheit der 3. Deklination selbst entdecken und beschreiben und anschließend nach weiteren solchen Formen im Text suchen lassen. Die

Verben der 3. Pers. Sg. a- und e-Konjugation in Z. 5 geben die Kontrastfolie für das Neuvorkommen der konsonantischen Konjugation accedit (Z. 7) ab, die Verben der 3. Pers. Pl. der a-Konjugation in Z. 7 bilden den Vergleichspunkt zur Form accedunt in Z. 8. Die von den Schülern selbst gefundenen Gesetzmäßigkeiten können anhand der Grammatik vertieft oder/und durch Ü1 und Ü2 gefestigt werden.

1 dient der Verständnissicherung und -überprüfung nach der Lektüre von L.

Ü

3 Neben der Einübung des Numerus könnte als erweiternde Variante das Wegdenken der eingeklammerten Substantive stehen, um die Schüler für den Grammatikstoff „Subjekt im Prädikat" zu sensibilisieren.

4 verweist auf den Inhalt von L und wiederholt darüber hinaus die Kongruenzregel.

5 übt auf spielerische Weise die bis dahin gelernten Orts- und Zeitangaben ein.

6 dient als Knobelaufgabe der aktiven Wiederholung der bis jetzt bekannten Fragewörter und noch einmal der Orts- und Zeitangaben.

7 Zum ersten Mal im Übungsbuch tritt eine Fremdworterkennungsübung auf. Der Lehrer könnte diese zum Anlass nehmen, um die Schüler auf die Wichtigkeit der dritten Spalte des Wortschatzes im Felix Neu-Begleitband hinzuweisen.

8 eignet sich als Hausaufgabe oder kleiner Test zum Abschluss des Kapitels.

4 Schmuck zieht an

F

1 Verben: Imperativ I
2 Substantive: Vokativ

L

Thematisierten die vorangehenden Lesestücke in einer Art Übersicht verschiedene Aspekte des Forums, bietet diese Lektion eine Nahaufnahme in das tägliche Leben dort – in Form eines Gesprächs zwischen einem Goldschmied und potentiellen Käufern.
Einstieg in das Lesestück könnte die bewusst doppeldeutige Überschrift bilden bzw. 4 I mit Informationen zur Rolle des Schmucks im Alten Rom.
Der erste Abschnitt (Z. 1–6) zeigt den Goldschmied als Werber in eigener Sache, der zweite (Z. 7–13) den Besuch der Familie in seinem Laden, der dritte den Kauf einer Fibel durch Mutter Cynthia (Z. 14–19).
Der neue Grammatikstoff des Imperativs und Vokativs wird in Z. 1–6 zunächst im Pl. eingeführt, sodass ein entdeckenlassendes Vorgehen ermöglicht wird. So kann der Imperativ Accedite, Romani! (Z. 1) wegen des Ausrufezeichens und der gewohnten Pluralendung des Substantivs vom Schüler leicht erschlossen werden, analog dazu die entsprechenden Formen der a- und e-Konjugation in Z. 2 und 3. In Z. 6 erscheinen die Formen des Imperativ Pl. in allen bekannten Konjugationsklassen resümierend gebündelt. Vor der Lektüre von Z. 7–13 könnten der Imperativ und Vok. Sg. behandelt und eventuell an Ü1 bzw. Ü2 eingeübt werden. Es ist aber auch denkbar, anhand der Z. 8 und 10 die Schüler beide Phänomene selbst entdecken und genau beschreiben zu lassen. Übrigens sollte der Lehrer darauf hinweisen, dass die Begriffe anuli und catenae (Z. 4/5) aus der untenstehenden Abbildung erschlossen werden können.

1 Das stark dialogisierte Stück bietet sich für eine kleine szenische Umsetzung bestens an. In einem vorbereitenden Unterrichtsgespräch könnte etwa die Aufdringlichkeit des Händlers thematisiert und auch die übrigen dramatis personae charakterisiert werden, um etwas Komik in die kleine Aufführung zu bringen.

Ü

3 Für die Schüler bietet sich zur Systematisierung die Anfertigung einer Tabelle an, bei der sie selbst die Rubriken finden sollten, bevor sie ihre Eintragungen vornehmen.

4 bietet sich als schriftliche Hausaufgabe an.

5 schärft das Bewusstsein der Schüler für Synonymik auch im lateinischen Wortschatz.

Illustration S. 22

Bei der oberen Fibel handelt es sich in Analogie zur Form des griechischen Großbuchstabens um eine sog. Omegafibel aus Bronze. Darunter ist eine sog. Scheibenfibel mit durchbrochener Trompetenornamentik abgebildet.

5 Der beleidigte Senator

F Substantive: Akkusativ: a-/o-/3. Deklination

S Akkusativ als Objekt

L thematisiert das Forum als Ort der Politik. Inhaltlich ist L deutlich dreigeteilt: Der 1. Abschnitt (Z. 1–6) zeigt die beiden Freundinnen Claudia und Julia als Pferdenärrinnen, der 2. Abschnitt (Z. 7–13 ... salutat) zeigt, welches Aufsehen die Ankunft eines Senators auf dem Forum verursacht, und vermittelt den Schülern einen Eindruck von der hierarchischen Beschaffenheit der römischen Gesellschaft.

Der Satz Subito tacet (Z. 13) markiert den Umschlag des Geschehens: Aus dem eben noch verehrten Senator wird eine verlachte Witzfigur. Dabei steht die Sprachspielerei des Graffito Calvisius – calva (Gehirn) im Mittelpunkt, die nicht ganz einfach ist und deshalb mit dem Lehrer zusammen übersetzt werden sollte. Der Sprachwitz könnte im Deutschen z. B. folgendermaßen wiedergegeben werden: „Gehirn und Haar, sie sind schon rar".

Das Auftreten der drei Namen des Marcus Licinius Calvisius in Z. 9f. kann Anlass sein, den Schülern die Eigenheit der römischen Namensgebung zu erklären. Auf den Vornamen (praenomen) folgte der Familienname (nomen gentile), darauf der Beiname (cognomen), der dazu diente, verschiedene Zweige derselben Familie auseinander zu halten.

In den neuen Stoff des Akkusativs könnte der Lehrer anhand der Z. 1–6 einführen, in denen bis auf das Neutrum Pl. alle Formen repräsentiert sind. Hilfreich ist sicher als Folie ein an die Tafel geschriebenes Satzmodell Subjekt- Prädikat – Objekt, anhand dessen die Schüler die Akkusativobjekte des Textes zuordnen und in einem weiteren Schritt die Endungen für die einzelnen Genera systematisieren können. Vertiefend eingeübt werden könnten die Endungen anhand Ü2.

1 schult das detaillierte Textverständnis.

2 könnte etwa die unterschiedliche Akzeptanz von Spott über körperliche Gebrechen in der Antike und die moderne political correctness - Gesellschaft thematisieren.

3 hält die Schüler dazu an, Latein als aktive, nicht nur als Reflexionssprache zu begreifen.

Ü **1** und **3** eignen sich als schriftliche Hausaufgaben, um die verschiedenen Endungen des Akkusativs in Satzkontexten einzuüben.

2 dient der Systematisierung der bisher gelernten Fälle und lenkt besonders das Augenmerk der Schüler auf die Morphemgleichheit der Endungen in der o-Deklination beim Akkusativ und Nominativ Sg. und Pl. Neutrum (-um/-a) bzw. beim Akkusativ und Nominativ Pl. der 3. Deklination (-es).

4 Anhand der Weglassprobe wird den Schülern die stilistische und sinnstrukturierende Bedeutung der kleinen Wörter vor Augen geführt.

5 ist eine Übung zum Auffinden von Fehlern und dient der Sicherheit im Umgang mit den richtigen Akkusativendungen. Daneben dient sie der Festigung des metasprachlichen grammatikalischen Vokabulars.

Illustration S. 24 oben

Bei der Sänfte handelte es sich um ein tragbares, mit Vorhängen bzw. bisweilen sogar mit Fenstern ausgestattetes Bett. Man lag auf Kissen und wurde von kräftigen Sklaven getragen. Vermögende Familien besaßen Sänften, doch gab es sie auch zu mieten.

W1 Lesen und Üben mit FELIX

S. 26

Der deutsch-lateinische Mischtext lässt sich arbeitsteilig bearbeiten, indem der Lehrer Banknachbarn je eine deutsche bzw. lateinische Version erstellen lässt. Zwei ausgewählte Schüler könnten ihre Lösung auf eine Folie schreiben, die dann als gemeinsame Verbesserungsgrundlage per Overheadprojektor an die Wand geworfen wird.

Zur Abbildung S. 26

Die Rekonstruktion gewährt einen Blick in den 21 m hohen Innenraum der Kurie. Auf den Stufen links und rechts des Sitzungssaals standen die ca. 300 Sitze der Senatoren; auf dem Podium an der Rückseite sieht man den Vorsitzenden. Während einer Senatsversammlung blieb übrigens die Tür der Kurie offen.

S. 27

Die angebotenen Übungen wiederholen den Grammatikstoff der ersten Sequenz in abwechslungsreicher Vielfalt von Übungsformen: Transformationsübungen (1, 3), eine Einsetzübung (2), eine Übung zum kreativen Schreiben (5) und eine Übung zum Fortleben des lateinischen Wortschatzes in den modernen europäischen Sprachen (4).

2. Sequenz: In Rom (L 6–11)

Hatte sich die erste Sequenz mit dem Forum in seinen vielfältigen Aspekten beschäftigt, weitet sich der Gesichtskreis nun und weitere wichtige Örtlichkeiten Roms werden thematisiert. Äußere Motivierung und Rahmen dafür ist der Besuch zweier Freunde der Kinder, denen diese Sehenswürdigkeiten der Stadt zeigen. Dabei alternieren kulturhistorisch gewichtigere Kapitel (L 7 Vestatempel, L 9 Subura, L 10 Kapitol) mit episodenhaften Stücken (L 6 Frische Fische, L 8 Zwei Käufer ohne Geld, L 11 Wer zuletzt lacht), sodass ein buntes Kaleidoskop römischen Lebens ohne einseitige Überfrachtung des Sechstklässlers mit Kulturwissen entsteht.
Der deutsche Sequenzteiler dient als Hinführung in die neue Leseeinheit: FELIX und seine junge Reisegesellschaft (in denen sich die Schüler wiedererkennen können) erleben gewissermaßen parallel im heutigen Rom, was den Identifikationsfiguren Marcus, Claudia und ihren Gästen im antiken Rom begegnen wird; auf diese Weise dürften den Schülern zeitenüberdauernde Konstanten deutlich werden, wie etwa die Rolle des Marktplatzes als Ort des Handels und der Kommunikation, die Rolle der Religion im antiken und im modernen christlichen Rom und das Kapitol als politischer Ort heute und damals.

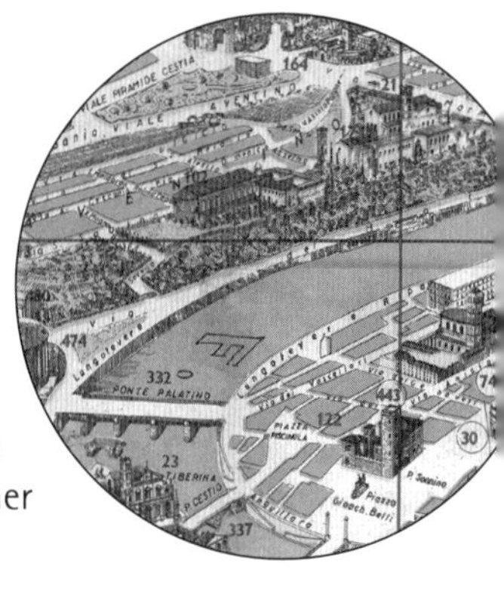

Stadtplan S. 30f.

Der Campo dei fiori (Nr. 252) befindet sich im zweiten Planquadrat unten links. Das Foto oben links zeigt das heutige Markttreiben auf diesem Platz. Das Kapitol (Nr. 152) befindet sich im zweiten vollständigen Planquadrat unten links; gut sichtbar auf der plastischen Karte sind die von Michelangelo gebaute Treppe zum Kapitol und links davon die zur Kirche Ara Coeli aufsteigenden Stufen.

6 Frische Fische?

F Substantive: Ablativ

S 1 Verwendung der Präpositionen
2 Präpositionalausdruck als Adverbiale

T Konnektoren

L Für die Lektüre bieten sich zwei Möglichkeiten an: Das entdeckenlassende Verfahren könnte anhand der zahlreichen Beispiele der Z. 1–5 in die beiden neuen Phänomene der Präposition und des Ablativs einführen. Nachdem den Schülern klar ist, dass es Präpositionen mit Akkusativ bzw. Ablativ gibt, kann anhand Z. 6–9 durch die kontrastive Gegenüberstellung von in mit Akkusativ bzw. Ablativ der Unterschied zwischen Orts- und Richtungsangabe auf die Fragen „wo?" bzw. „wohin?" aufgezeigt werden. Man kann die Grammatik aber auch vor L behandeln und etwa anhand von Ü1 und Ü2 darbieten. Für eine inhaltliche Vorinformation bieten sich I und das genaue Betrachten des Lageplans der römischen Märkte besonders an, da L ohne weitere Erklärung auf die hier thematisierten Fachbegriffe rekurriert.
Inhaltlich ist L zweigeteilt: Der erste Abschnitt (Z. 1–6) zeigt das bunte Treiben der Masse auf den verschiedenen Foren, bevor in Z. 7–16 die Episode des vom Sklaven Balbus beobachteten Streits zwischen dem Koch Syrus und einem Fischhändler erzählt wird.
Das überaus dichte Vorkommen des neuen Grammatikstoffes in Z. 1–8 dient der intensiven Einübung in der Schule, während sich Z. 9–16 als schriftliche Hausaufgabe anbietet, in der das neue Phänomen bewusst zurückhaltend repräsentiert ist (Z. 11, 15, 16).

1 Diese Aufgabe soll exemplarisch die Flexibilität des lateinischen Satzbaues aufzeigen, vor allem aber verdeutlichen, wie die Wortstellung Teil der Aussage sein kann: Das Aufeinanderprallen der Prädikate in der Satzmitte macht die sich widerstrebenden Interessen beider Kontrahenten sinnfällig, die Anfangs- und Schlussstellung der Subjekte in ihrer weitestmöglichen Abrückung bildet das Ziehen und Zerren in die jeweils entgegengesetzte Richtung auf formaler Ebene ab.

2 Für die szenische Umsetzung könnten drei Schauspieler in Betracht kommen: zwei Streithähne, die lauthals miteinander streiten und ein Kommentator, der in die Szene einleitet und vom Ausgang des Streits berichtet.

Ü **3** – **5** bieten als „Einschleifübungen" genügend Übungsmöglichkeit für die Schüler, um sowohl den Ablativ der a-, o- und 3. Deklination im Sg. und Pl. sowie die Präpositionen vertiefend einzuüben.

Kochen und Essen mit FELIX S. 34f.

Die Doppelseite „Kochen und Essen mit FELIX" kann nach Belieben des Lehrers genutzt werden: es kann als informative Fortsetzung von 6 L gelesen oder zunächst übersprungen werden, um 11 L („Spaß in der Küche") vor- bzw. nachzubereiten. Die beigefügten Rezepte könnten in einer Projektwoche, bei der Gestaltung von Elternabenden oder Schulfesten Verwendung finden; sie sind in der Praxis erprobt.

7 Die Hüterin des heiligen Feuers

F Verben: Infinitiv Präsens

S 1 Ablativ als Adverbiale: Ablativ des Mittels
2 Ablativ als Adverbiale: Ablativ des Grundes

L Vor der Lektüre von L könnte (wie oben skizziert) die Grammatik etwa anhand von Ü1 durchgenommen und eingeübt werden (vgl. unten); selbstverständlich kann auch der Weg über den Text gegangen werden: Für die Einführung des Infinitivs bietet sich die Lektüre Z. 1–4 an. In den Z. 3–4 sollte auf das Phänomen des doppelten Verbvorkommens (unflektiert/flektiert) aufmerksam gemacht werden. Der Ablativ des Mittels bzw. Grundes kann dann anhand der Z. 5 und 6 jeweils am Wort verbis thematisiert werden. Dabei ist die Übersetzung als Ablativ des Mittels durch die Frage „womit?" bzw. „wodurch?" bereits bekannt und in Z. 2f. (auro et argento) auch automatisch schon bewerkstelligt, sie sollte aber hier noch einmal etikettierend den Schülern deutlich gemacht werden. Die Frage „Worüber freut sich die Vestalin?" hilft gewiss, den Ablativ des Grundes leicht fasslich zu machen.
Inhaltlich ist L dreigeteilt: Auf eine Art Exposition (Z. 1–8), die den Auftritt der Vestapriesterin und die Reaktion der Umstehenden thematisiert, folgt in den Z. 9–13 eine dramatisch-dialogische Szene mit der Verfolgung eines angeblichen Diebs, bevor sich der Kriminalfall im letzten Abschnitt (Z. 14–20) altersgerecht in einem Happy End auflöst.
Nach der Textübersetzung und -vertiefung könnten die Infinitive gesammelt und nach Konjugationsklassen geordnet werden; desgleichen könnten die Schüler die Ablative des Mittels (Z. 2f. auro et argento, Z. 5 verbis, Z. 10 clamore, Z. 14 verbis) und des Grundes (Z. 6 verbis, Z. 16 verbis et auxilio) zusammenstellen.

1 schult die Fähigkeit, Texte sinnentnehmend zu erfassen. Aufgabenstellung b dürfte den Schülern die große Autorität der Vestalin im antiken Rom bewusst werden lassen.

Ü **1** Die Sätze 1, 2 und 5 führen den Infinitiv Präsens in seinen zwei deutschen Wiedergabemodi vor: In 1 und 2 muss der Infinitiv mit „zu ..." übersetzt werden, in Satz 5 ohne. Um die lateinische Bildungsweise des Infinitivs in allen Konjugationsklassen einzuüben, empfiehlt sich im Anschluss Ü2.

2 knüpft in der optischen Gestaltung an die den Schülern geläufige Ästhetik moderner Computerprogramme an und dient der aktiven Einübung der lateinischen Infinitivbildung sowie deren Systematisierung in Konjugationsklassen.

3 übt das Phänomen des Sachfeldes am konkreten Beispiel ein.

4 Diese Einsetzübung führt die verschiedenen Verwendungsweisen des Ablativs resümierend vor, die der Schüler auch benennen sollte.

5 führt den Schülern an kontextualisierten Fremdwörtern das Fortleben der lateinischen Sprache im Deutschen vor Augen.

6 eignet sich als schriftliche Hausaufgabe oder als Test zum Abschluss des Kapitels.

8 Zwei Käufer ohne Geld

F Verben: 1. und 2. Person Präsens

T Sachfelder

Ü **1** empfiehlt sich zur grammatischen Vorentlastung von L. Wenn man sich für diese Form der Grammatikeinführung entscheidet (MODELL 1), dürfte danach die systematisierende Einübung der neuen Endungen anhand von Üc sinnvoll sein.

L Nach dem Prinzip der Abwechslung folgt ein Lesestück ohne gewichtigen kulturellen Hintergrund, sodass keine Zusatzinformation vonnöten ist – optimale Grundvoraussetzung, den neuen Grammatikstoff einmal von L her zu behandeln. So kann aus dem bereits bekannten Imperativ und Vok. Pl. in Z. 3 (Salvete, domini) leicht erschlossen werden, wie die nachfolgenden Verbformen der 2. Pers. Pl. wiederzugeben sind, desgleichen in Z. 6 und 8f. Die Doppelnennung von Gaius und Aulus als Redner (Z. 4) gibt ebenso einen deutlichen Anhaltspunkt dafür, dass die Verbformen der Z. 4f. die 1. Pers. Pl. vertreten. In Z. 7 lenkt das Personalpronomen ego automatisch die Übersetzung von gaudeo, so wie der Vok. Sg. Tite in Z. 13 und 14 das Verb poscis bzw. das Hilfsverb es als 2. Pers. Sg. unmittelbar einsichtig werden lassen.
Die Systematisierung sollte über das Tabellarium des Begleitbandes S. 32f. geleistet werden, die vertiefende Einübung der neuen Personalendungen könnte anhand von Üc erfolgen. Im Übrigen dürften die auf engem Raum geballten Wiederholungen in L eine „einschleifende" Gewöhnung an die neuen Endungen

gewährleisten. Es ist aber auch denkbar, zunächst Ü1 anzugehen und damit die Lektüre von L grammatisch vorzuentlasten (vgl. unten).
Inhaltlich handelt es sich bei L um eine launige Dialogszene zwischen dem sehr beflissenen Verkäufer Titus – man beachte die Vielzahl schmeichelnder Fragen (Z. 3 und 8f.), das anbiedernde Lob an die potentiellen Käufer (Z. 6), sein aufforderndes Drängen (Z. 7f.) und die Enthüllung seines wahren Motivs (Z. 7 ... et ego item gaudeo) – und zwei Kunden, die sich aufgrund der hohen Preise letztlich nicht zum Kauf entschließen. Der aufdringliche Charakter des Kaufmanns, wie er sich in seinem Sprechgestus entlarvt, sollte deutlich werden, da sich die Komik der Schlussszene mit ihren wechselseitigen Vorwürfen daraus speist.
Der Lehrer sollte auf das a-parte-Sprechen des Titus Z. 7 ... et ego item gaudeo aufmerksam machen – ebenso auf die durch Punkte markierte Pause Z. 12, die das Erschrecken der Käufer angesichts des verlangten Preises sinnfällig macht.

1 versucht den Schülern ein Raster für eine transphrastische Textvorerschließung an die Hand zu geben.

2 dient der Schüleraktivierung und fördert ihre Methodenkompetenz, indem sie am konkreten Arbeitsauftrag das Lexikon benutzen sollen.

Ü **1** Den Schwerpunkt bilden die Personalformen der 1. und 2. Pers. als Merkmal dialogischer Texte. Anhand der Zeichensetzung werden die Schüler die Sätze 2–5 rein äußerlich als Gespräch bestimmen. Die Suche nach sprachlichen Anhaltspunkten führt sie auch auf die Veränderung der Prädikate gegenüber Satz 1. Welche Person angezeigt ist, lässt sich kontextuell durch die Übersetzung leicht erschließen. Es reicht, wenn die Schüler -o, -s, -mus, -tis als neue Personalmorpheme zuordnen können.

2 Die durch die äußere Form für Schüler attraktive Systematisierungsübung dient dazu, das vollständige Paradigma der Personalendungen des Präsens Aktiv verschiedener Konjugationsklassen in der richtigen Reihenfolge bewusst zu machen.

3 Hierbei handelt es sich um eine handlungsorientierte Übung, die die Schüler über den sportlichen Wettbewerbscharakter zu motivieren sucht.

4 Diese launige Übung reaktiviert das Wortschatzwissen der Schüler über männliche und weibliche Typenbezeichnungen.

5 Der Lehrer sollte vor dieser Übung etwa anhand des Begleitbandes, S. 31, T, besprochen haben, was Sachfelder sind.

6 Die deutsch-lateinische Übersetzungsübung eignet sich vorzüglich, um die verbalen Personalendungen in der Ausgangssprache aktiv einzuüben.

9 Im verbotenen Stadtviertel

F **1 Verben: i-Konjugation**
2 Substantive der 3. Deklination: Wortstamm

L Eine inhaltliche Hinführung zur Thematik von L kann durch I (möglicherweise im Verbund mit einer Aktualisierung über 1b) erfolgen. Das Kapitel bietet primär morphologisch Neues. Die i-Konjugation macht bis auf die 3. Pers. Pl. keine Probleme. Bei den Substantiven der 3. Deklination muss grundsätzlich das Phänomen des Wortstammes im Hinblick auf selbstständige Formenbildung und Vokabellernen thematisiert werden. Wieder kann der Weg über Ü1 gewählt werden, in der die i-Konjugation anhand einzelner Formen weitgehend komparativ-kontrastiv eingeführt wird. (vgl. Satz 1 und 2 bzw. 3 vident – audiunt). Die fehlenden Formen können entweder vor der Lektüre von L durch Analogieschluss von den Schülern ermittelt, per Tabelle vorgegeben oder später anhand von L ergänzt werden. Vom Verb vocat (Satz 1) ausgehend wird das Substantiv vox im Akkusativ Sg. (Satz 2) und Pl. (Satz 3) eingeführt. Es dürfte sinnvoll sein, in Verbindung mit der grammatischen Erläuterung im Begleitband, S. 35, F2 den Wortschatz S. 34 ebd. auf die neuen Substantive hin durchzugehen und dabei jeweils den Wortstamm bestimmen zu lassen.
Inhaltlich ist L dreigeteilt. Im ersten Abschnitt (Z. 1–7) erleben die Kinder in der Subura eine Szene zwischen einem armen Alten und einem mitleidigen Schankwirt mit. Hier sollte die Illustration mitberücksichtigt werden: Der alte Mann am Krückstock im Zentrum des Bildes dürfte leicht als der senex zu erkennen sein, der vom Schankwirt ein Almosen bekommen hat und gerade verabschiedet wird. Die Kopfhaltung des Kunden an der Imbissbude, dem Wein eingeschenkt wird, könnte von den Schülern gedeutet werden als Zeichen der Erschöpfung infolge harter körperlicher Arbeit, von Niedergeschlagenheit oder sozialer Deklassierung, die sich im Habitus widerspiegelt etc.

Der Mittelteil (Z. 8–13a) beschreibt die aufkeimende Angst der Kinder angesichts nahender Trunkenbolde. Sprachlich zeigt sich die Dramatik des Geschehens an der Vielzahl der Ausrufesätze. Bemerkenswert ist, wie aus dem mutigen Antreiber Marcus der Z. 1f. in den Z. 9ff. der besorgte Mahner wird. Die Z. 13b–17 bringen die Rettung in Gestalt des Sklaven Xanthippus.

1 kann nach der Lektüre von I leicht gelöst werden.

2 Zu besetzen sind in der Reihenfolge des Auftritts die männlichen Rollen des Marcus, Sextus, des alten Mannes, des Schankwirts und des Sklaven Xanthippus und die weiblichen Rollen der Claudia und Paulina. Ein Prolog- bzw. Epilogsprecher könnte den vor- bzw. nachgeschalteten deutschen Text referieren, um so den nötigen Rahmen der Handlung zu gewährleisten. Man könnte auch Komparsen (etwa Handwerker oder die Betrunkenen von Z. 9) miteinbeziehen, um mehreren Schülern die Chance auf ein Mitwirken zu geben. Zumindest hingewiesen sei aber darauf, dass die Szene mit den potatores wegen überbordender Extrovertiertheit mancher Akteure eine gewisse Eigendynamik entfalten kann.

Ü

3 ist immanente Wiederholung der Bildung des Infinitiv Präsens und Einübung des neuen Phänomens der i-Konjugation zugleich.

4 Dieser analytischen Übung zur Schulung der Formensicherheit sollte eine deutsche Übersetzung der jeweiligen Wörter vorausgehen.

5 Diese Übung soll die Schüler zum einen auf das Fortleben der lateinischen Sprache in geläufigen Fremdwörtern aufmerksam machen und andererseits anhand des Suffixes *-ment* auf die baukastenartige Bildungsweise lateinischer Wörter hinweisen. Finden könnten die Schüler etwa Temperament, Dokument, Firmament, Testament u.v.m.

6 Dieser Übungstyp schult das analytische Vermögen der Schüler.

Sentenz S. 41

Zum ersten Mal und ab hier fast regelmäßig finden sich lateinische Sinnsprüche in den Randspalten der Übungen. Nicht immer stehen sie im Zusammenhang mit der jeweiligen Thematik eines Kapitels, wohl aber im Einklang mit dem Wortschatz und der Grammatik des jeweiligen Kapitels; ergeben sich inhaltliche Anknüpfungspunkte, wird eigens darauf hingewiesen. Hauptzweck der Sentenzen ist, die Schüler so früh wie möglich an originale Texte heranzuführen und die in solchen Sprüchen geronnene Lebensweisheit zu reflektieren. Wie der Lehrer dies jeweils tut, steht ihm frei. Einige Anregungen: Eine Sentenz könnte als Aufhänger einer Stunde an die Tafel geschrieben werden, Sentenzen könnten als „Besitz für immer" sukzessive auf Vokabelkärtchen oder im Vokabelheft gesammelt werden, man könnte Entsprechungen aus dem deutschen Sprichwortgut finden lassen etc.
Bei Ora et labora handelt es sich um den Kernsatz der Benediktinerregel, die den Tagesablauf im Kloster streng in Phasen des Gebets und der Arbeit einteilt.

10 Aufs Kapitol zu den Göttern

F	**Substantive: Dativ**
S	**Dativ als Objekt**

L stellt einen Kontrast zu 9 L dar. Bewegten sich die Kinder dort an einem Ort niedrigen sozialen Milieus, besuchen sie nun mit dem Kapitol eine der prominentesten Stätten Roms. Nach dem Dank an Xanthippus und der Schelte der Kinder für ihren unerlaubten Besuch in der Subura fassen die Eltern den Plan zu einem Besuch des Kapitols (Z. 1–9), den die Z. 10–20 schildern. Dabei gerät – ausgehend von den Tempelbauten – vor allem die wichtige Rolle der Religion für die Römer ins Blickfeld. Dieser Aspekt kann anhand von I bzw. der zeichnerischen Rekonstruktion des Kapitols erweitert und vertieft werden.
Führt man die Grammatik anhand von L ein, bietet die erste Hälfte (Z. 1–9) alle notwendigen Formen des Dativparadigmas in Sg. und Pl. der a-, o- und der 3. Deklination. Die Wendung gratias agunt des Einstiegssatzes lässt organisch auf das Dativobjekt servo schließen. Satz 5f. liefert mit der Form sceleratis den Pl. für die o-Deklination nach, der kontrastiv zur entsprechenden Form der 3. Deklination (mercatoribus, furibus) behandelt wird. In Z. 7 wird die Singularform des Dativs der 3. Deklination ergänzt (senatori). Vervollständigt wird das Paradigma durch die beiden Singularformen der a- und o-Deklination in Z. 8 (filiae et filio). Eine Alternative zur Grammatikeinführung ist der Weg über Ü1. (vgl. dort)

Illustration S. 42

Die Abbildung zeigt die beiden Höhen des Kapitols, die in einer Befestigungsanlage eingeschlossen waren – links die area Capitolina mit dem dominierenden

Jupitertempel und im linken vorderen Eck des Platzes dem Tempel der Fides. Dem Jupitertempel gegenüber liegt der Eingang zum Platz, zu dem der sog. clivus Capitolinus führt, Prozessions- und Fahrweg zugleich. Die rechte Anhöhe zeigt die arx mit dem Iuno-Moneta-Tempel. Auf dem Freiraum zwischen beiden Höhen ist der heutige Kapitolsplatz mit dem Reiterstandbild Mark Aurels zu denken. Am rechten unteren Bildrand sieht man die Ausläufer des Forum Romanum.

1 fördert das genaue Lesen und schult die Fähigkeit, wesentliche Informationen aus einem Text herauszufiltern. Für die Formulierung der Sätze sollte der Lehrer den Tipp geben, dass sich die Schüler an den vorgegebenen Sätzen von L orientieren können.

2 ist eine nützliche Aufgabe zur Orientierung der Schüler im antiken Rom. Sie könnte an einem Projekttag durchgeführt werden, etwa als fächerübergreifendes Projekt zwischen Latein, Geschichte, Kunst und ggf. Geographie

Ü **1** Die Sätze 1 und 2 führen in den Dativ Sg. und Pl. ein, 3 und 4 analog in den Dativ Sg. und Pl. der 3. Deklination. In Satz 5 kann zum ersten Mal die zweite, bereits im Wortschatz gelernte Bedeutung von adesse, „helfen", aktualisiert werden.

2 und **3** dienen der Einübung der neuen Dativendungen, wobei Ü2 auf die Formen der a-/o-Deklination beschränkt ist. Ü3 eignet sich besonders als schriftliche Hausaufgabe, wobei die Sätze auch im Deutschen wiedergegeben werden sollten.

4 ist eine Übung zu Wortschatz und Synonymik, die auch in einem internen kleinen Wettbewerb zwischen drei Schülergruppen zu je einem der Oberbegriffe „sprechen", „wünschen" und „laufen" gelöst werden könnte.

5 ist als Hausaufgabe zur Sicherung der Dativendungen gut geeignet.

Abbildung S. 43

Zu den Füßen der drei Gottheiten sitzen jeweils deren Symboltiere: neben Minerva die Eule als Verkörperung der Weisheit und neben Iuno der ihr heilige Pfau. Zu Füßen Jupiters muss ein Adler als Machtsymbol ergänzt werden.

11 Wer zuletzt lacht ...

F Personalpronomen: Persönliches Fürwort

S Personalpronomen: Verwendung

L Nach den Erlebnissen in der Stadt klingt die Sequenz mit einer Begebenheit im privaten Raum des Elternhauses von Marcus und Claudia aus. Im ersten Abschnitt (Z. 1–8) tadelt der aus 6 L bekannte Koch Syrus zwei Sklavinnen wegen ihrer Geschwätzigkeit, die sie von der Arbeit fern hält.

Die zweite Hälfte (Z. 9–18) schildert eine kleine dramatische Szene in einer Mischung von Ernst und Komik. Komisch ist die Szene insofern, als Flavus in einem witzigen Zeugma eine Verbindung zwischen Stolpern und Stottern seines Mitsklaven Balbus herstellt (Z. 12f.). Dabei sollte der Lehrer schon in Z. 9 auf den sprechenden Namen des Balbus (der Stotterer) hingewiesen haben, sodass die Eigenart der Sprache des Balbus (Z. 10) und der Witz des Flavus entsprechend motiviert erscheinen. Ernst wird spürbar, da mit dem Eingreifen des Hausherrn und der Strafandrohung Z. 18 das hierarchische Verhältnis zwischen dominus und servus deutlich wird.

Die Zeichnung sollte Gegenstand der Betrachtung sein: Am Gesichtsausdruck des rechten Sklaven Flavus ist die Häme gut abzulesen, während sich im Gesicht des schwankenden Balbus das Erschrecken über den Vorfall abzeichnet. Reizvoll ist, dass das antike Relief mit seinen beiden Sklavenfiguren beim Hantieren mit Gefäßen geradezu als Illustration der Vorgeschichte des Missgeschicks (Z. 9–11) aufgefasst werden kann. Die überwiegend dialogische Gestaltung bringt die Personalpronomina durchgängig zur Geltung; um den Lesegenuss aber nicht zu trüben, wird die Grammatikeinführung über Ü1 empfohlen. (vgl. dort)

1 Diese Erschließungsfragen dienen der vertieften Beschäftigung mit dem Gelesenen. So wird in der demütigen Entschuldigung des Balbus die prinzipielle Rechtlosigkeit des Sklaven gegenüber seinem Herrn deutlich. Der erweist sich als fiktive Figur allerdings als gerechter dominus, der den richtigen Schuldigen erkennt.

a) dient dazu, am Ende dieser Sequenz einen resümierenden Überblick über L 6–11 unter besonderer Berükksichtigung der Sklaventhematik zu gewinnen.

b) hält die Schüler dazu an, sich so früh wie möglich mit dem Gebrauch eines Lexikons vertraut zu machen.

3 Diese Aufgabe führt den Schülern an einem Beispiel das Fortleben lateinischer Begrifflichkeit vor Augen, schärft aber auch die Wahrnehmung für den Bedeutungswandel, dem die Wörter im Lauf der Zeit unterliegen.

Ü

1 Anhand dieser Übung sollte das neue grammatikalische Phänomen von den Schülern selbst erschlossen werden können. Dabei ist das lateinische ego leicht über die modernen Fremdwörter „Ego" bzw. „Egoist" zu erschließen. Die parallele Gestaltung des Satzbaus in 1 und 2 zusammen mit den Verb-Endungen lassen die Schüler rasch auf die richtige Übersetzung der Personalpronomina im Nominativ kommen. Hier sollte sofort deren Funktion als Hervorhebung des Subjekts thematisiert werden. Satz 3 sollte zunächst nur bis zu beiden Vokativen gelesen werden, aus denen der Schüler auf die Bedeutung von vos als Akkusativ Pl. rückschließen kann. Ähnlich dürfte die notwendige Dativergänzung zum Verb parere in 3 und 4 (mihi, tibi) erschlossen werden können. In Satz 4 bildet das beigegebene Syntagma cum puellis den Ausgangspunkt für die richtige Deutung von tecum.

Es empfiehlt sich, das Paradigma der Personalpronomina anhand des Begleitbandes, S. 39, F, zu vervollständigen bzw. an Ü2 zu vertiefen.

2 und 6 verlangen eine Umwälzung der Personalpronomina in allen Fällen und Numeri, sodass die Pronomina aktiv verankert werden.

3 fördert durch das Erstellen grammatikalisch richtiger Sätze den aktiven Umgang mit der Sprache. Dabei sollte der Lehrer exemplarisch an einem Satz vorführen, wie die Übung funktioniert, und darauf hinweisen, dass Präpositionen und Konnektoren nach Bedarf ergänzt werden müssen.

4 ist eine weitere Sachfeldübung (zum Begriff des Sachfeldes vgl. Begleitband, S. 31, T), die etwa folgende Worte umfassen könnte: coquus, cena, culina, vasa. Im Anschluss könnte auch das Fortleben vieler dieser Begriffe thematisiert werden (Koch, kulinarisch).

5 schult unter Wettbewerbsbedingungen die Formensicherheit bei den Substantiven aller Deklinationen.

W2 Lesen und Üben mit Felix

S. 46

Die Leseeinheit stellt einen willkommenen Ruhepunkt dar und schlägt über das Thema „Spiele in Rom" eine Brücke zur Interessenlage der Schüler. Die synoptische Gegenüberstellung des in bewusst einfacher, schnell zu erfassender Syntax gehaltenen lateinischen Textes links mit dem deutschen Text ermöglicht den Schülern Einsicht in das Überdauern menschlicher Verhaltensmuster – die so fern geglaubte Antike rückt plötzlich ganz nahe. Die deutschen Begleittexte verstehen sich abgesehen von ihrem Informationsgehalt auch als Anregung dafür, römische Spiele wieder zum Leben zu erwecken. Dies kann im Rahmen eines Schulfestes geschehen oder in einer Vertretungsstunde – der Phantasie sind keine Grenzen gesetzt.

S. 47

Diese Übungseinheit trainiert im Wesentlichen drei Aspekte: Formensicherheit bei den Verben aller bis dahin gelernten Konjugationsklassen (Ü1, Ü5), Festigung der grammatikalischen Fachbegriffe (Ü2, Ü4) und Schulung der Übersetzungsfähigkeit in beide Richtungen (Übersetzungstest, Ü3).

3. Sequenz: Auf dem Land (L 12–17)

Die ersten beiden Sequenzen befassten sich ausschließlich mit stadtrömischen Themen. Eine eigene Sequenz „Auf dem Land" trägt dem Umstand Rechnung, dass Italien ursprünglich ein Agrargebiet war, das hauptsächlich von Ackerbau und Viehzucht lebte. Die überwiegende Zahl bäuerlicher Berufe spiegelt sich in römischen Eigennamen wie Fabius (faba, Bohne), Lentulus (lens, Linse), Piso (pisum, Erbse) oder Porcius (porcus, Schwein) wider.
Es gab und gibt zwei Sichten auf das Landleben: die realistische aus der Perspektive der Landleute und die romantizistische Verklärung des Landes durch die Großstädter. In den Lektionen werden die soziohistorischen Hintergründe nicht ausgespart: Die Kleinbauern litten unter den häufigen Kriegen, zu denen sie als wehrpflichtige Legionäre herangezogen wurden. Weil sie infolgedessen ihre Höfe verkommen lassen mussten, kauften Großgrundbesitzer die heruntergekommenen Güter auf und bewirtschafteten die riesigen zusammengelegten Areale (Latifundien) mit Heeren von Sklaven. Den verarmten Kleinbauern blieb nichts anderes übrig, als mit ihren Familien nach Rom zu ziehen und dort auf Erwerbsmöglichkeiten zu hoffen. Meist verstärkten sie das stadtrömische Proletariat, das zum Überleben auf Getreidespenden angewiesen war. Die Großstädter ihrerseits hegten eine große Vorliebe für das Land, wie das Villenwesen der Oberschicht und die Sehnsucht nach friedlichem und ungestörtem Landleben etwa eines Plinius beweist.
Diese Sequenz versucht beide Sichtweisen zu ihrem Recht kommen zu lassen. Thematisiert werden im übergreifenden Rahmen einer Reise der Familie zum Landgut des Großvaters die Reiseverhältnisse in der Antike, der Weinanbau, das Straßenbauwesen und die Problematik des Kleinbauerntums. Der einleitende Sequenzteiler mit FELIX und seiner Reisegruppe vereinigt in nuce beide Seiten des Landlebens: im Lob des ländlichen Lustortes und der Klage der Bauern über ihre miserablen Lebensbedingungen.

12 Eine Fahrt mit zwei PS

F Substantive: Genitiv

S Genitiv als Attribut

L handelt vom Beginn der Reise von Rom über die Via Appia und die Albaner Berge zum Landgut des Großvaters, der die Familie brieflich zu sich eingeladen hat. L lässt sich inhaltlich und vom Grammatikstoff her in zwei Teile gliedern: Der erste Abschnitt (Z. 1–12) stellt die Reisegesellschaft vor und rückt die Grabmäler entlang der Via Appia in das Zentrum des Interesses. In diesem Abschnitt sind bewusst nur die Genitivformen der a-/o-Deklination repräsentiert, sodass der Lehrer unmittelbar mit der Lektüre von L beginnen kann und alle Formen des Paradigmas im Text vorfindet, die an der Tafel tabellarisch nach Deklinationsklasse und Numerus systematisiert werden sollten.
Der zweite Abschnitt (Z. 13–18) beschreibt eine Pause mit Tränkung der Pferde und Rast an einem locus amoenus (Z. 16f.). Dabei wird die idyllische Sicht auf das Land kontrastiert mit der in Z. 18 angedeuteten Hektik der Großstadt. Dieser Abschnitt repräsentiert von Z. 16–18 den Genitiv der 3. Deklination: L ist aufgrund dieser inhaltlichen und grammatischen Zweiteilung gut in zwei verschiedenen Stunden zu behandeln, sodass die Schüler nicht auf einmal mit verschiedenen neuen Endungen konfrontiert werden.

Als Beispiel für die sepulcra Romanorum (Z. 11) kann das hier abgebildete „Wahrzeichen der Via Appia", das Grab der Caecilia Metella, fungieren. Sie war die Frau des Marcus Licinius Crassus, dem Sohn des bekannten Triumvirn und Spartakusbezwingers Crassus, der 53 v. Chr. bei Carrhae im Kampf gegen die Parther sein Leben verlor. Die aus der Vogelperspektive gut sichtbare Bekrönung des Grabmals mit Zinnen stammt aus dem Mittelalter, als das Grabmal als Turm in eine Befestigungsanlage integriert war. In der Antike dürfte ein konisch zulaufender Grabhügel (tumulus) wie beim Augustusmausoleum den oberen Abschluss gebildet haben.

1 ist eine inhaltlich bewusst einfach gehaltene textreproduktive Aufgabe, die aber in vollständigen lateinischen Sätzen ausformuliert werden soll.

2 führt mit der Weglassprobe die präzisierende Funktion des Genitivattributs deutlich vor Augen.

Ü **1** ist deutlich zweigeteilt: Aus den Sätzen 1–3 lassen sich die Formen des Genitivs Sg. und Pl. der a-/o-Deklination erschließen, während die Sätze 4 und 5 den Genitiv Sg. und Pl. der 3. Deklination in den Mittelpunkt stellen. Was das Genitivattribut leistet, wird mit Hilfe einer Weglassprobe unmittelbar einsichtig.

2 Diese Systematisierungsübung schult die Formensicherheit im Umgang mit den Genitivendungen Sg. und Pl. der verschiedenen Deklinationen.

3 kann neben der Einübung des Genitivs auch zur Übersetzungsschulung genutzt werden. Am Beispiel der Wiedergabe von labores servorum mit „Sklavenarbeiten" könnte der Lehrer aufzeigen, dass die Übersetzung mit einem zusammengesetzten Wort bisweilen möglich und stilistisch elegant ist (vgl. hier noch „Mädchengeschrei" bzw. in L, Z. 7 „Göttertempel" bzw. in L, Z. 16f. „Baumschatten").

4 Neben dem Reiz, der im Konstruieren sinnvoller Sätze liegt, wird den Schülern die Polyvalenz der ae-Endung bewusst (Vokativ, Nominativ, Dativ, Genitiv).

5 trainiert aktiv die Formensicherheit der Schüler bei Verben der konsonantischen und der i-Konjugation.

6 Die deutsch-lateinische Übersetzungsübung eignet sich als Hausaufgabe bzw. Test zum Abschluss des Kapitels. (Genitive in den Sätzen 3, 6, 7)

13 In den Weinbergen

F 1 Substantive der o-Deklination auf -(e)r
2 Substantive der 3. Deklination: Erweiterung (Genitiv Pl. -ium)
3 Verben: posse

L schildert die nächtliche Rast der Familie auf einem Weingut und die Weiterreise am Morgen des nächsten Tages. Dabei könnte der Lehrer die in Z. 1–4 durch den Einbruch der Nacht und die Angst der Kinder aufgebaute Spannung kreativ nutzen, indem er nach dem Satz Subito vir e tenebris procedit das Lesen beendet und die Schüler weiterphantasieren lässt. Damit steigert sich die Spannung der Schüler auf den tatsächlichen Fortgang der Geschichte. Im Übrigen sollte der Lehrer bei der Wiedergabe von procedit (Z. 4) exemplarisch vorführen, dass die im Wortschatz gelernten deutschen Entsprechungen nicht für jeden Kontext die aussagekräftigsten sind. Gemeinsam sollte eine adäquate Übersetzung gesucht werden, etwa „auftauchen" oder „hervortreten".
Was die Einübung der Grammatik am Text angeht, ließe sich L teilen in Z. 1–5 bis ... sum, wo die Substantive der o-Deklination auf -(e)r eingeübt werden; dies neue Phänomen dürfte den Schülern keine Probleme bereiten, da lediglich Nominativ (und Vokativ) Sg. von der gewohnten Form abweichen, wie L. Z. 5 (minister) verdeutlicht. Ab Z. 6–14 treten die Formen des neuen Verbs posse hinzu. Die Einführung in die besondere Genitivbildung einiger Substantive der 3. Deklination könnte am Text erfolgen oder auch als Suchaufgabe, nachdem der Lehrer etwa ein Beispiel (z. B. muri urbium) an der Tafel erläutert und diese grammatische Erscheinung in L suchen lässt (Z. 10 montium und Z. 12 familiarium). Die Z. 15–20 eignen sich wegen ihrer geringen Phänomendichte auch als schriftliche Hausaufgabe.
Die Zeichnungen illustrieren die in Z. 9f. angedeuteten Arbeiten der Weinerntehelfer; sie sollten dabei von den Schülern detailliert beschrieben werden, um sie zum präzisen Betrachten anzuhalten. In Italien fand die Weinlese im Übrigen meist im Oktober statt. Als Abschluss gab es ein Fest, das dem Dionysos (Bacchus) galt und mit Tanz, Gesang, Opfer und derben Scherzen begangen wurde.
Einen Eindruck dieser heiteren Szenerie vermag die Abbildung auf der „Blauen Vase" S. 52 zu vermitteln. (vgl. dazu 2)

1 übt als wesentliches Moment der Textdeutung die Strukturierung ein.

2 Auf der Vase sind vier Eroten beim fröhlichen Fest zu sehen, einer als Bacchus auf der Liege im Gestus des Zuprostens, neben ihm ein Erote mit der Lyra. Eingerahmt wird diese zentrale Figurengruppe von zwei Eroten, die auf Säulen links und rechts stehen: Die rechte Figur auf der Säule hat eine Schale mit Weintrauben auf dem Kopf, wohl ein Verweis auf die Weinlese. Darüber ranken sich Wein- und Fruchtgirlanden.

Ü **1** Mit dieser Übung könnte die Grammatik des Kapitels durchgenommen werden: Satz 1 führt am Beispiel von puer in die Untergruppe der Substantive auf -(e)r ein, Satz 2 zeigt am Beispiel der gewohnten Pluralendung von liberi die Regelmäßigkeit der Deklination auf -(e)r. Satz 3 erweitert die 3. Deklination um die Genitivendung -ium, während die Sätze 4 und 5 anhand zweier Formen das neue Verb posse vorstellen.

2 eignet sich zur Schulung der Formensicherheit bei den Substantiven der -(e)r-Deklination und könnte an die Behandlung von Ü1 angeschlossen werden.

3 erfordert genaue Bildbetrachtung und logisches Denken der Schüler.

4 Reizvoll ist es, wenn man die Schüler das entstandene Sachfeld zeichnerisch umsetzen lässt; neben dem Entstehen eines individuellen Klasszimmerschmucks würde zugleich eine Visualisierung des Wortschatzes zu seiner besseren Verankerung geleistet.

5 eignet sich als schriftliche Hausaufgabe, die die neuen Grammatikphänomene vertieft: Substantive auf -(e)r (a, b, e), posse (d, e), 3. Deklination Genitiv Pl. auf -ium (b) und die Übersetzung von non debere (f).

6 ist eine Übersetzungsübung, die v.a. den Wortschatz noch einmal umwälzen hilft.

Zur Herstellungstechnik der „Blauen Vase" S. 52

Lange Zeit fragte man sich, mit welcher Technik die Römer ohne ausgereifte Schleiftechnik ein derart filigranes Dekor zaubern konnten. Nach neuesten Erkenntnissen wurde dazu zunächst in eine Hohlform, in die das Bildmotiv graviert war, weißes Glas-Granulat gefüllt. Hierauf presste man die glühend heiße blaue Glasmasse hinein, sodass weiße Dekoration und blaue Vasenoberfläche eine feste Verbindung eingingen.

14 Straßensperre

F 1 Adjektive der a-/o-Deklination
2 Adjektive der a-/o-Deklination auf -(e)r

S 1 Adjektive: KNG-Kongruenz
2 Adjektiv als Attribut
3 Adjektiv als Prädikatsnomen

L In diesem Lesestück wird die letzte Etappe der Anreise zum Landgut des Großvaters geschildert. Über die Begegnung der Reisegesellschaft mit einem Straßenbautrupp rückt das Thema „Römische Straßen" in den Mittelpunkt.
Der Lehrer sollte die Schüler nach dem Sinn der dreimaligen Wiederholung von iterum zu Beginn von L fragen – dabei dürfte deutlich werden, dass damit auf den eintönigen Gleichlauf und die ermüdende Länge der Reise angespielt wird. So kann zumindest ein Grundstein für das stilistische Gespür der Schüler gelegt werden. Zur textbegleitenden Einführung in die Grammatik:
Vor der Lektüre von L könnte der Lehrer zunächst anhand deutscher Beispiele, wie etwa „das schöne Haus" oder „der hohe Baum" die Schüler aufgrund ihres Vorwissens erklären lassen, was ein Adjektiv ist und dass es die Funktion eines präzisierenden Attributs hat, dessen Qualität eine Weglassprobe deutlich macht. In einem zweiten Schritt könnte der Lehrer anhand des Satzes „Das Haus ist schön" in die prädikative Verwendung des Adjektivs einführen – denn dies ist das erste Vorkommen in L, Z. 2.
Das erste in L attributiv gebrauchte Adjektiv der a-/o-Deklination pulchras in Z. 2 bietet übersetzungstechnisch keine Probleme: so ist es dem Lehrer freigestellt, hier innezuhalten und etwa anhand des FELIX Begleitbandes, S. 47, F2, auf die Besonderheit dieser Adjektivbildung hinzuweisen oder sie zunächst zu übergehen, um den Stoff später nachzutragen.
In Z. 3 sollte die Sonderstellung media in via erläutert werden, desgleichen sollte auf die Stellung der Adjektive nonnullos, parvas, paucis und (Z. 3, 4, 6) vor dem Substantiv hingewiesen werden; die Schüler könnten selbst die Regel finden, dass Adjektive, die eine Menge bzw. ein Größenverhältnis angeben, stets vor dem Substantiv stehen.
Der letzte Abschnitt (Z. 11–15) ist wegen der geringen Phänomendichte wieder als schriftliche Hausaufgabe gut geeignet. Wegen der Vielzahl der Einzelregeln zum Adjektiv empfiehlt sich zur Durchnahme der Grammatik besonders Ü1 vor L.

Zeichnung S. 54

Die Illustration wird einige Fragen der Schüler provozieren. Der am linken Bildrand sichtbare Meilenstein (miliarium) kann etwas salopp als Vorläufer moderner Autobahnschilder betrachtet werden. Diese Grenzsteine waren zylinderförmig und ca. 2–4 m hoch. Sie wurden im Abstand einer römischen Meile (ca. 1,481 km) in die Erde gerammt. Auf ihnen waren die Entfernungen vom Ausgangspunkt der Straße bis zur nächstgelegenen Stadt verzeichnet, ebenso die Namen der Kaiser, die den Bau der Straße veranlasst hatten.
Der Mann im Vordergrund vermisst die Straße mit einer sog. groma; dabei handelt es sich um einen Stab, auf dem ein Arm mit vier weiteren Verzweigungen angebracht war, an deren Ende je ein Faden mit einem Bleilot befestigt war. Zwei dieser Arme dienten zur Vermessung der Straßenbreite, die beiden anderen zeigten die Richtung an. Als Zusatzinformation zu den in L Z. 16f. thematisierten und auf der Zeichnung im Hintergrund erkennbaren Albaner Bergen könnte der Lehrer darauf hinweisen, dass hier die Stiere für die heiligen Opferhandlungen in Rom gezüchtet wurden.

1 dient dazu, wesentliche Momente von L in aktivem lateinischem Sprachgebrauch Revue passieren zu lassen.

2 Dieses geleitete Fortschreiben einer begonnenen Geschichte kennen die Schüler möglicherweise bereits aus dem Deutschunterricht. Neben der Förderung aktiver Sprachbeherrschung hat diese Übung den Zweck, aus der Perspektive Annas die wesentlichen Reisekapitel 12–14 vor den Ereignissen auf Großvaters Bauernhof zu rekapitulieren.

3 Diese Übung dient dazu, sich die große Ingenieursleistung der Römer an einem konkreten Beispiel vor Augen zu führen.

Ü

1 Bei der Behandlung des Satzes 1 sollte der Unterschied zwischen attributivem (servus probus) und prädikativem Adjektivgebrauch (liberi laeti sunt) deutlich gemacht werden. Zum zweiten sollen die Schüler den jeweiligen Fall, Numerus und Geschlecht der Substantiv-Adjektiv-Kombinationen genau bestimmen, damit ihnen das Phänomen der KNG-Kongruenz deutlich wird. Erfahrungsgemäß wird den Schülern erst mit der Behandlung der Adjektive deutlich, weshalb es wichtig ist, von den einzelnen Substantiven zu wissen, welches Geschlecht sie haben bzw. welcher Deklinationsklasse sie angehören. Ist dies in 1–2 übersetzungspragmatisch wegen der gleichlautenden Endung bei der Verbindung von Substantiven und Adjektiven der a-/o-Deklination irrelevant, ist Satz 3 mit seiner Verbindung von Substantiv der 3. Deklination und Adjektiv der a-/o-Deklination erklärungsbedürftig. Auch hier sollte die KNG-Kongruenz aufgezeigt werden; zusätzlich sollte der Lehrer die Schüler fragen, ob ihnen an der Stellung des Adjektivs im Vergleich zu den Sätzen 1 und 2 etwas auffällt. Dass Adjektive, die eine Menge bzw. ein Größenverhältnis angeben, vor dem Substantiv stehen, sollte als Regel deutlich werden, zumal dieses Prinzip konsequent in L eingehalten wird.

2 Diese Übung dient der aktiven Einübung der KNG-Kongruenz der Adjektive, sei es als schriftliche Hausaufgabe oder zur Vertiefung der E-Sätze im Unterricht.

3 wiederholt systematisierend die vollständigen Fallparadigmata der Substantive der a-, o- und der 3. Deklination Die Reihenfolge richtet sich nach den Tabel-len in der FELIX -Tipps (Begleitband, S. 43).

4 Die Übersetzungsübung eignet sich gut als schriftliche Hausaufgabe, wobei im Wechsel attributiver und prädikativer Adjektivgebrauch eingeübt werden.

Illustration S. 55

Die römischen Straßenbauingenieure zogen zunächst zwei Furchen, die die Straßenbreite markierten. Dann hob man den Boden aus, bis man auf festen Untergrund stieß. Diesen verfüllte man mit vier Schichten unterschiedlicher Materialien: einem Fundament aus Zement (statumen), einer Schotterschicht darüber (rudus), gefolgt von einer Schicht aus Kies, Kalk und Ziegeln (nucleus) und zuletzt einer Pflasterung aus Schotter bzw. behauenen Steinen (summa crusta). Das deutsche Wort „Straße" wie das englische „street" bzw. das italienische „strada" leiten sich vom Namen dieser Schichtenbautechnik (stratum) her.

Sentenz S. 55

Die Sentenz „Multum, non multa" ist eine Aufforderung, Dinge intensiv, nicht extensiv zu betreiben, d.h. in die Tiefe, nicht in die Breite zu gehen. Angewandt auf den Erfahrungshorizont des Schülers könnte das etwa den Tipp nach sich ziehen, bei der Vorbereitung auf eine Schulaufgabe nicht viele Übungen zu machen, sondern mit Konzentration einige wenige richtig. Im Übrigen dürfte die Sentenz auf Plin. *ep.* 7, 9, 15 Aiunt multum legendum esse, non multa zurückgehen.

15 Ein rätselhafter Fall im Stall

F	Verben: Konsonantische Konjugation (i-Erweiterung) 2 Substantive der 3. Deklination: Erweiterung (Neutra) 3 Substantive der 3. Deklination: Genera 4 Verben: velle

L

Thematisierten L 12–14 die Reise zum Großvater, eröffnet L 15 eine Reihe von drei Lektionen, die den Aufenthalt der Familie auf dem Gutshof beschreiben. Vor der Lektüre empfiehlt sich eine grammatische Vorentlastung anhand von Ü1, sodass sich die durch die Überschrift aufgebaute Erwartungshaltung der Schüler in einer vorwiegend inhaltsbezogenen Lektüre lösen kann. Inhaltlich lässt sich der Text in vier Abschnitte unterteilen. Z. 1–10 schildern die Wiedersehensfreude und die Begeisterung der Stadtkinder für die Tiere des Hofes, die Z. 11–19 erzählen von einem ausbrechenden Stallbrand und den dramatischen Rettungs- und

Löschaktionen der Hofbewohner. An dieser Stelle könnte die Zeichnung sinnvoll einbezogen werden, indem man die Schüler fragt, welche Details des Texts sich in ihr finden.
Die Z. 20–25 thematisieren den aufkommenden Verdacht der Brandlegung und die Entkräftigungsversuche des vom Großvater beschuldigten Sklaven Eudoxus. Hier findet sich die höchste Phänomendichte des neuen Grammatikstoffes, sodass sich ein Übersetzen in der Schule mit Rückfragemöglichkeiten für die Schüler empfiehlt. Hinweisen sollte der Lehrer auf die jeweils kontextgemäße Übersetzung von comprehendere in Z. 21 „ergreifen" und Z. 22 „begreifen".
Der vierte Abschnitt (Z. 26–28) führt durch die Einmischung des Vaters Quintus zur Rehabilitierung des zu Unrecht verdächtigten Eudoxus. Dieser Absatz eignet sich gut als schriftliche Hausaufgabe: Der neue Stoff ist in Z. 27f. repräsentiert und sollte den Schülern aufgrund des Vorlaufs keine Probleme bereiten.

1 Diese transphrastische Aufgabe dient der inhaltlichen Vorerschließung des Textes.

2 Diese handlungsorientierte Übung lässt die Schüler das L-Stück rekapitulieren. Um die Fähigkeit der Präsentation zu schulen, könnten einzelne Schüler ihre auf Overheadfolie kopierten Bildergeschichten der Klasse mit Erläuterungen vorstellen.

Ü

1 ist zweigeteilt: Die Sätze 1 und 2 führen am Beispiel des Verbs cupere in die i-Erweiterung der konsonantischen Konjugation ein. Dabei genügte es, wenn der Lehrer an der Tafel den Wortstamm deutlich macht (cup-i-unt, cup-i-o); die Verbendungen sind ja von audire her geläufig.
Satz 3 führt anhand des Nominativ Sg. in die 3. Deklination Neutrum und am Beispiel der 3. Pers. Pl. in die Konjugation von velle ein. Hier sollte der Lehrer das Konjugationsparadigma an der Tafel vervollständigen. Satz 4 führt die 3. Deklination Neutrum zunächst im Nominativ Pl. fort, dann am Beispiel pecus im Akkusativ Sg. Auch hier sollte der Lehrer das vollständige Deklinatonsschema mit den Schülern erarbeiten.

2 schärft das Bewusstsein der Schüler für den Unterschied zwischen der i-Konjugation, der konsonantischen Konjugation und ihrer i-Erweiterung.

3 Der sportliche Wettbewerbsrahmen soll die Schüler dazu motivieren, die Personalendungen der Verben aller gelernter Konjugationsklassen (einschließlich der Verben posse und velle) und die Kasus aller bisher gelernten Deklinationsparadigmen systematisiert zu üben, um so Formensicherheit zu gewinnen.

4 Wie bereits 9 Ü4 und 12 Ü4 macht diese Übung den Schülern bewusst, dass scheinbar gleiche Endungen unterschiedliche Bedeutungen besitzen. Hier kommt erschwerend hinzu, dass die Schüler sich die drei Klassifizierungskategorien selbst erstellen müssen.

5 vertieft anhand zweier Formen von velle den neuen Grammatikstoff und fördert durch die Zusatzaufgabe der Erklärung aller Formen die Aktivierung der grammatikalischen Terminologie zu den Wortarten Substantiv und Personalpronomen.

16 Ungleiche Nachbarn

F Relativpronomen

S Relativsatz als Attribut

L

16 und 17 bilden eine thematische Einheit, in der die Figur des Hirtenjungen Aulus eingeführt wird. Am Beispiel seiner Familie wird die soziale Problematik des Kleinbauerntums thematisiert.
L 16 ist in der Form eines Dialogs von vier Gesprächsteilnehmern gestaltet. Im Verlauf des Gesprächs kristallisieren sich die Unterschiede vor allem zwischen dem Geschwisterpaar Marcus/Claudia und Aulus heraus. Als Kinder einer privilegierten Stadtfamilie bedeutet das Landleben für sie fröhliche Abwechslung vom Alltag, während Aulus es als harte Notwendigkeit für den täglichen Brotwerwerb erlebt. In dem Zusammenhang sollte der Lehrer auch die Überschrift thematisieren. Wenn man so will, fließt in die an sich bukolische Grundsituation vergilisch anmutende Melancholie ein (Schlagwörter Z. 10f. vitam duram, Z. 11 misera, Z. 12 labores).
Hervorheben könnte man die aktive Rolle des Sklavenmädchens Anna. Sie ist Initiatorin und Motor der Entlastung des Aulus (Z. 13). Gerade die vergleichbare soziale Lage lässt das Mädchen Mitleid mit dem Leidensgenossen empfinden.
Der letzte Abschnitt (Z. 18b–22) eignet sich wegen seiner vergleichsweise einfachen Syntax gut als schriftliche Hausaufgabe. Zur grammatischen Einführung: In das Phänomen des Relativpronomens kann textbegleitend eingeführt werden. Anhand von Satz 1f., der das Relativpronomen im Nominativ Sg. bietet, kann durch ein Weglassen des Relativsatzes seine Funktion als Attribut verdeutlicht werden. Die einzel-

nen Kasus und Genusendungen in Sg. und Pl. können dann sukzessive bei der Lektüre entdeckt und etwa in einem Ordnungsschema an der Tafel aufgenommen und ergänzt werden. Systematischer ist der vorentlastende Weg über Ü1 (vgl. dort).

1 könnte abgesehen von der einfachen Möglichkeit, den Dialog mit verteilten Rollen lesen zu lassen, auch den Auftrag an vier Schüler beinhalten, den jeweiligen lateinischen Sprechpart zu Hause auswendig zu lernen und für den Auftritt vor der Klasse die jeweils angemessene Mimik und Gestik vorzubereiten. Dies setzt allerdings voraus, dass L ganz übersetzt und besprochen worden ist.

2 dient der intensiven Auseinandersetzung mit dem Text nach der Lektüre.

Ü

1 Die Sätze dieser Übung führen das Relativpronomen der Übersicht halber in der gewohnten Reihenfolge der Kasus vor. Die Sätze 2, 3, 4 stellen den Nominativ, 5 den Genitiv, 6 den Dativ und 7, 8 den Akkusativ vor. Satz 1 stellt in Parataxe den Inhalt bereit, den Satz 2 erstmals mit einem Relativsatz hypotaktisch fasst. Ein Vergleich beider Sätze dürfte rasch die Eigenart des Relativpronomens erkennen lassen. Stets sollte ab hier nach dem jeweiligen Bezugswort gefragt werden, um den Schülern das Relativpronomen als rückbezügliches Fürwort bewusst werden zu lassen.
An Satz 3 ließe sich anhand einer einfachen Austauschprobe die Satzgliedfunktion des Relativsatzes als Attribut aufzeigen, indem der Lehrer den Satz an die Tafel schreibt und den Relativsatz qui in agris laborant z.B. durch das Adjektivattribut probi bzw. das Genitivattribut villae austauscht.
Das vollständige Paradigma könnte über Analogieschlüsse sukzessiv zu vervollständigende Tabelle oder gleich über den Felix Begleitband, S. 53, F erschlossen werden.

2 ist geeignet, den neuen Grammatikstoff des Relativpronomens in allen Kasus im Sg. und Pl. einzuüben. In Teilaufgabe b) müssen die Schüler zudem auf die Kongruenz der Verb-Endungen achten.

3 eignet sich als Hausaufgabe. Gewährleistet wird damit die nochmalige Auseinandersetzung des Schülers mit dem Relativpronomen als rückbezüglichem Fürwort.

4 wiederholt und festigt die Deklination der Substantive.

5 Diese nicht ganz einfache Knobelübung sollte unten links begonnen werden, wobei der Lehrer das Prinzip anhand der Anfangswörter ubi und iterum exemplarisch vorführen sollte. Zur Vertiefung kann der Lehrer darauf hinweisen, dass die Römer Texte ohne Zeichensetzung lasen (scriptio continua), also Übung im Erfassen von Wortende und Wortanfang besitzen mussten, wie es diese Übung schult.

6 Ab diesem Kapitel werden die aus dem Lateinischen ableitbaren Fremdwörter in den Kontext von Sätzen eingebunden, um die realistische Situation ihres Vorkommens zu simulieren.

17 Ursachen der Armut

F Verben: Imperfekt

S 1 Verwendung des Imperfekts
2 Akkusative als Adverbiale: Akkusativ der zeitlichen Ausdehnung

L ist in drei Teile gegliedert. Der erste (Z. 1–3) und dritte Abschnitt (Z. 19–23) bilden mit dem Hilfersuchen Annas beim Großvater und der schließlich gewährten Hilfe für Aulus eine Art Rahmenhandlung.
Den solchermaßen umrahmten Mittelteil (Z. 4–18) bildet ein Gespräch des Großvaters mit Claudia und Anna über die Hintergründe der Not von Kleinbauern. In einem ersten Teil (Z. 4–13) spricht der Großvater allgemein über die Gründe der sozialen Not, in einem zweiten (Z. 14–18) zeigt er sie konkret am Beispiel seiner eigenen Familie auf. Ein Happy End beschließt L und die gesamte Sequenz.

Der neue Grammatikstoff ist vor allem auf den Mittelteil konzentriert, sodass sich ein zügiger und problemloser Einstieg in den Text ergibt und der letzte Abschnitt als vergleichsweise leichte schriftliche Hausaufgabe gestellt werden kann. Allerdings sollte dann die unterschiedliche Verbvalenz von iubere im Lateinischen und Deutschen vorbesprochen werden, damit die Übersetzung von Z. 21f. die Schüler nicht vor unüberwindliche Probleme stellt. Für die Neudurchnahme bietet sich an, die Verben mit Imperfekt die Schüler zunächst sammeln zu lassen. Anhand der Aufteilung in Wortstamm, Tempuszeichen und Endung können die beiden Tempuszeichen -ba- bzw. -eba- herauskristallisiert werden. Als Regel lässt sich ableiten, dass die a- und die e-Konjugation für das Imperfekt das Tempuszeichen -ba- bilden, die i-Konjugation, die konsonantische Konjugation einschließlich der i-Erweiterung das Tempuszeichen -eba- führen. Am Beispiel von

aberant (Z. 7) können die Imperfektformen von esse thematisiert werden. Von da ist der Übertrag auf das Imperfekt der Formen von posse (Z. 13) leicht. Der Akkusativ der zeitlichen Ausdehnung findet sich in L zum ersten Mal in Z. 6 (multos annos) und zum zweiten Mal in Z. 22 (nonnullas horas). Der Akkusativ der zeitlichen Ausdehnung muss als Grammatikthema nicht eigens behandelt werden; er lässt sich auch über entsprechende Wendungen im Wortschatz vermitteln.
Selbstverständlich kann auch die grammatische Vorentlastung von L über Ü1 laufen. (vgl. dort)

1 dient einer Vorabanalyse der Textkonstitution sowie der Aktualisierung.

2 Die differenzierten Fragen sollen einen vertiefenden Überblick über diese Sequenz ermöglichen.

Ü **1** Die Sätze dieser Übung führen in die Bildung des Indikativ Imperfekt in allen bislang gelernten Konjugationsklassen ein. Satz 1 stellt das Imperfekt von esse vor. Der Lehrer könnte hier alle Personen an der Tafel entwickeln lassen (eram, eras etc.) und dann auf dasselbe Bauprinzip bei der Imperfektbildung der Komposita von esse (ab-eram, ad-eram) sowie bei posse (pot-eram) hinweisen. So sind die in L vorkommenden Fälle (Z. 7 aberant, Z. 13 poterant, Z. 18 aderam) vorbesprochen und bereiten später keine Probleme mehr. An den Sätzen 2–5 kann das Tempuskennzeichen -ba- für die a-/e-Konjugation bzw. -eba- für die i- und konsonantische Konjugation entdeckt werden.
Satz 4 thematisiert am Beispiel der Wendung multos annos den Akkusativ der zeitlichen Ausdehnung.

2 eignet sich zur aktiven Einübung der Tempuszeichen -ba- bzw. -eba- im Anschluss an die Durchnahme der Grammatik bzw. nach der Übersetzung von Ü 1; auch hier sind alle gelernten Konjugationsklassen berücksichtigt.

3 Dieser Übungstyp ist neu und sollte an einem Beispiel unbedingt sorgfältig vorbesprochen werden. Diese Telefonübung wird im Buch öfters noch begegnen: 18 Ü4, 39 Ü3, W8/3, 45 Ü4, 65 Ü2.

4 Diese Übung eignet sich wegen ihrer Kürze vorzüglich als schriftliche Hausaufgabe, die beide neue Grammatikphänomene einübt.

5 dient der Förderung des aktiven Umgangs mit Latein. Besonders geübt werden neben der immanenten Wiederholung der Personalpronomina und der Verbindungen die Konstruktionen eines flektierten Verbs mit Infinitiv.

Sentenzen S. 61

Bei der Sentenz Ubi bene, ibi patria handelt es sich wohl um die Kurzfassung eines bei Cicero zitierten Satzes aus der Pacuvius-Tragödie *Teucer*: Patria est, ubicumque est bene. Der Lehrer könnte daran anknüpfend eine Diskussion über die Bedeutung von Heimat für die Schüler anknüpfen.

Den Ehrentitel pater patriae erhielt Cicero nach der Aufdeckung der Catilinarischen Verschwörung. In der Kaiserzeit gehörte die Bezeichnung zum offiziellen Titel der Herrscher. Hier könnte der Lehrer die Schüler nach einem Äquivalent im Deutschen suchen lassen („Landesvater").

W3 Lesen und Üben mit FELIX

Dieses Kapitel bietet nach Abschluss der Sequenz „Auf dem Lande" die Möglichkeit zu weitergehender Reflexion des Themas, insofern beide Texte den Aspekt Land – Stadt noch einmal unter verschiedenen Aspekten beleuchten.
Beim ersten Text handelt es sich um eine adaptierte Fassung der bekannten Fabel von Land- und Stadtmaus in der motivierenden und altersgerechten Form des Comics. Der Comictext mit seinem parataktisch gehaltenen Satzbau vermag Schülern die Erfahrung vermitteln, dass Latein gelesen werden kann und nicht mühsam konstruiert werden muss, ja Vergnügen bereiten kann.
Der zweite Text (Übersetzungstest) führt das in den Kapiteln 16 und 17 angeschlagene Thema der sozialen Unterschiede in einem Gespräch zwischen Besitzer und Gutsverwalter über die Behandlung alter und gebrechlicher Landsklaven variierend fort.

Illustration S. 63

Das Fresko zeigt eine Porticus-Villa mit Park. Als Begleitlektüre könnte empfohlen werden K. W. Weeber, Luxus im Alten Rom, S. 43ff. „Herrschaftliche Paläste und Parks – vom Wettstreit um die prächtigste Villa".

S. 63

Diese Seite bietet verschiedene Übungsformen (Übersetzung, Systematisierungs- und Ergänzungsübungen) vor allem zu den Grammatikstoffen der Sequenz 12–17 an: So werden die neuen Verben posse und velle, das Imperfekt, die Konjugationsklassen der Verben und die Adjektive im Übersetzungs-Test bzw. in Ü2 wiederholt, die Relativpronomen in Ü1, der Genitiv und Dativ in Ü3.

4. Sequenz: Pompeji (L 18–23)

Diese räumlich in Süditalien angesiedelte Sequenz thematisiert der Reihenfolge nach den Ausbruch des Vesuvs und seine Folgen, die Gestalt des Naturforschers Plinius d. Ä. und Aspekte der Kultur und des Lebens in Pompeji wie das Theater- und Amphitheaterwesen. Anhand des beigegebenen Kartenmaterials bzw. der Stadtpläne gewinnen die Schüler einen topographischen Überblick über Kampanien und Pompeji. Zum ersten Mal werden Originaltexte in adaptierter Form geboten (Plinius *ep.* 6,16/20 und Tac. *ann.* 14,17).
Die Lehrbuchfamilie tritt in dieser Sequenz das letzte Mal auf und wird deshalb behutsam ausgeblendet, indem sie (bis auf 26 L) als Zuhörer nur mehr die Rahmenhandlung der Lesestücke bestimmt.
Die Lektionstexte bieten gute Anknüpfungspunkte dafür, menschliches Verhalten in extremen Lebenssituationen zu behandeln (allgemein pädagogische Perspektive): Die Reaktion von Menschen in Katastrophen, vorbildhaftes Verhalten von Einzelpersönlichkeiten, Reaktionen der Hinterbliebenen, Massenhysterie bei Großereignissen. Aktualisierungsmöglichkeiten liegen auf der Hand.
Auch hier soll der deutsche Text des Sequenzteilers (S. 76f.) mit der Überschrift „Eine Stadt voller Geheimnisse" das Interesse der Schüler wecken. Er fordert sie durch die Verweise auf die Illustration zu genauer Bildbetrachtung heraus und umreißt andeutungsweise schon wesentliche Themen dieser Sequenz.

18 Eine Naturkatastrophe

F 1 Verben: Perfekt
2 Perfektbildung: v-/u-/s-Perfekt

S Verwendung des Perfekts

L referiert ein Gespräch zwischen Vater Quintus und dem Viehhändler L. Epillius über den kürzlich erfolgten Ausbruch des Vesuv. Dabei fungieren die Fragen des Quintus in Z. 1 bzw. Z. 12f. zum einen als Auslöser für die Berichte des Lucius, zum anderen gliedern sie den Text in zwei Teile: In den Z. 2–11 berichtet Lucius generalisierend über die Zerstörungen, die der Vesuvausbruch in den umliegenden Städten und Dörfern angerichtet hat, die Z. 13–17 beinhalten einen persönlichen Bericht über seine Flucht, die Zerstörung seines Eigentums und den Tod vieler Freunde.
Nach der Lektüre des Vorspanntextes sollte man die Landkarte auf dieser Seite beiziehen, um den Schülern eine geographische Einordnung des geschilderten Geschehens zu ermöglichen: Beide großen Vulkane im Süden Italiens, der Vesuv und der Ätna auf Sizilien, sind gut zu erkennen.
Die schwierigste Passage von L dürften die Z. 3–6 mit ihren Relativsatzgefügen darstellen. Hier sollte der Lehrer stets nach dem Subjekt des übergeordneten Satzes suchen lassen und gegebenenfalls ein Satzbaumodell zur Verdeutlichung an der Tafel erstellen.
Nach dem Lesen des ersten Sinnabschnitts (Z. 1–11) könnte eine Bildbetrachtung zwischengeschaltet werden, die vor allem die in Z. 4–8 geschilderten Phänomene optisch nachvollziehen lässt (cinis, lapides, flamma, sulpur, nox, nubes, tenebrae).
Der zweite Teil, Z. 12–17, ist wegen seiner einfachen Syntax auch als schriftliche Hausaufgabe geeignet.
Zur Einführung der neuen Grammatik wird Ü1 empfohlen, da hier zunächst die Perfektbildungsregeln besprochen werden können, bevor an L die Verwendungsweise des Perfekts verdeutlicht werden kann.
Anhand der Sätze L, Z. 3 Vesuvius mons ... und Z. 4 Cinis ... kann der Lehrer exemplarisch in die Verwendungsweise der Tempora einführen. Das Imperfekt agebam beschreibt einen Zustand, wie der Akkusativ der zeitlichen Ausdehnung multos annos verdeutlicht. Das Perfekt delevit dagegen zeigt die Einmaligkeit des Ereignisses an.
Bei dieser Form sollte auf die Ausnahme des v-Perfekts bei der e-Konjugation hingewiesen werden. In Z. 5 ist das Imperfekt petebant Hintergrundinformation für die Haupthandlung im übergeordneten Satz.

1 a) kann als transphrastische Texterschließungsübung vor der Lektüre behandelt werden, eignet sich aber auch für einen nochmaligen Durchgang nach dem Lesen von L. Hier wird die Fähigkeit eingeübt, Texte nach aussagekräftigen Schlüsselwörtern zu interpretieren.

b) Hier könnte z. B. angesprochen werden, dass es heute seismographische Vorwarnsysteme und Katastropheneinsatzkräfte gibt, die allerdings auch nur in bedingtem Maße Sicherheit gewährleisten können.

Ü

1 Um die Schüler behutsam an die neue Zeitstufe des Perfekts heranzuführen, thematisieren die Sätze 1–3 nur das v-Perfekt der a-Konjugation, sodass zunächst die neuen Personalendungen und der Perfektstamm auf -v- erschlossen werden können. Nimmt man den ersten Teilsatz von Satz 4 mit dem v-Perfekt audiverunt hinzu, ist das Paradigma der Personalendungen des Perfekts vervollständigt.
So vorbereitet, kann nun anhand von Satz 4 und 5 der Schwerpunkt auf die weiteren Arten der Perfektbildung gelegt werden (u- und s-Perfekt). Ausgehend von den Infinitiven der in Ü1 verwandten Verbformen kann der Schüler selbst die Regeln für die jeweilige Perfektbildung finden, die dann schriftlich fixiert werden. Es genügt, wenn der Lehrer auf die Ausnahme (delere mit v-Perfekt) in L Z. 4 und Z. 16 hinweist; bei der ersten Bekanntschaft sollte das System zunächst in reiner Form rezipiert werden. Vertiefungsmöglichkeit: Ü2 und 4.

2 Die in themakohärenter Grafik gestaltete Übung dient der systematischen Einübung der Perfektbildung und der zugehörigen Personalendungen. Die drei „Verbgesteinsbrocken" stehen nach Art eines Baukastensystems für den Wortstamm, das Tempuszeichen und die Personalendung. Die Regeln der verschiedenen Arten der Perfektbildung sollten angesprochen werden.

3 Diese Übung kann nach dem Lesen von L oder lektürebegleitend bearbeitet werden.

4 Dieser aus 17 Ü3 bereits bekannte Übungstyp trainiert die Bildung der bisher bekannten Zeitstufen in der a-, e-, i- und konsonantischen Konjugation und in den Formen von esse und posse. Aktives Sprachtraining wird mit analytischem Üben verknüpft, indem Fehler vom Aufgabensteller bestimmt und somit terminologisch korrekt verbalisiert werden müssen.

5 Diese Übersetzungsübung eignet sich als Hausaufgabe oder als Test: Anhand der Sätze 3–5 sollte noch einmal der Unterschied der Verwendungsweise zwischen Perfekt und Imperfekt thematisiert werden.

Sentenz S. 67

Die Sentenz Videre nostra mala non possumus stammt aus der Fabel des Phädrus 4,10,4. Ihre Bedeutung und Nutzanwendung dürften die Schüler im Klassengespräch selbst erschließen können, etwa, dass man im Bewusstsein eigener Fehlerblindheit toleranter in der Bewertung von Mitmenschen sein sollte. Vgl. Matth. 7,3 „Was siehest du aber den Splitter in deines Bruders Auge und wirst nicht gewahr des Balkens in deinem Auge?"

19 Ein Naturwissenschaftler in Gefahr

F Adjektive der 3. Deklination (zweiendige)

L

19 und 20 befassen sich mit der Figur des Plinius d. Ä. Textgrundlage dafür sind die Pliniusbriefe 6,16 und 6,20. L 19 thematisiert in Z. 1–6 zunächst den unstillbaren Wissensdrang des Plinius (cognoscere studebat Z. 2, spectare voluit Z. 3, studium meum incendit Z. 5f.), der auf das Hilfsersuchen der Rectina in den Z. 7–11 in sofortige Hilfsbereitschaft umschlägt, wobei menschliche Größe und Mut des Plinius offenbar werden.
Die Z. 12–21 schildern die Ankunft des Plinius in Stabiä und seine Einquartierung bei Freund Pomponianus. Dabei wird der Kontrast zwischen der Seelenruhe des Plinius (Z. 18ff.) und seiner Mitmenschen deutlich (Z. 20f.).
Der Schlussabschnitt (Z. 22–24) schildert die panische Flucht und den Tod der Einwohner von Stabiä.
Nach der Lektüre der ersten Hälfte von L (Z. 1–11) bietet sich für das Zwischenstück eine Betrachtung der Karte an. Auf ihr ist die Fahrtroute des Plinius von Misenum bis zur Küste von Stabiä dargestellt; der leichte Knick der gestrichelten Linie unterstreicht optisch Plinius' Abänderung der ursprünglichen Richtung. Auf diese Weise ist die nötige Hintergrundinformation für den zweiten Teil von L bereitgestellt.
In Z. 2f. sollten die Schüler für eine kontextadäquate Übersetzung der Präpositionen super („oben auf"/ „oberhalb") und ex („von ... aus") sensibilisiert werden. Bei der Übersetzung des Verbs paravit (Z. 4) sollte der Lehrer nach einer Arbeitsübersetzung auf die passende Wiedergabe im Deutschen achten (etwa „ließ auslauffertig machen"); den Schülern sollte so exemplarisch vermittelt werden, dass Übersetzen häufig Ringen um den richtigen Ausdruck bedeutet.
Wiederholend sollte auf die vom Deutschen abweichende Verbvalenz von iubere (Z. 4) aufmerksam gemacht werden.
Die Sentenz in Z. 10f. findet sich in Plinius, *ep.* 6,16,11, geht aber bereits auf Terenz zurück und ist laut Cicero ein altes Sprichwort.
Der zweite Teil von L (Z. 12–24) ist syntaktisch einfacher und bietet keine neuen Schwierigkeiten mehr, sodass aus ihm eine schriftliche Hausaufgabe gestellt werden kann.
Zur Einführung in das zweiendige Adjektiv kann vor-

entlastend Ü1 herangezogen werden (vgl. dort), das neue Phänomen kann aber auch anhand von L gut behandelt werden. In Z. 1 und 4 wird zunächst der Nominativ Sg. repräsentiert, anhand von Z. 4 quae ... similis est kann vergleichend mit Z. 3 vir fortis die gleiche Endung zweiendiger Adjektive im Femininum und Maskulinum aufgezeigt werden. Erläuterungsbedürftig ist das zum ersten Mal vorkommende Neutrum Sg. der zweiendigen Adjektive am Beispiel turpe (Z. 10) in Verbindung mit est – hier sollte an die prädikative Verwendung des Adjektivs erinnert werden.

1 ist der Versuch, den Schülern die Technik der schnellen Erfassung eines Textes anzubieten – eine für den Umgang mit Texten insofern nützliche Fähigkeit, als sie vorab den Kontext und Horizont des zu Übersetzenden absteckt.

2 dient mit seinen Leitaufgaben der Verständnissicherung und Rekapitulierung von L.

Ü

1 Thematisiert werden hier vor allem die Unterschiede zwischen den Endungen der Adjektive und Substantive der 3. Deklination, wie sie im Fettdruck im Paradigma des FELIX Begleitbandes, S. 60, 19 F, hervorgehoben sind. Satz 2 führt die abweichende i-Endung im Ablativ Sg. vor, Satz 3 das Neutrum Pl. auf -ia, Satz 5 die Genitiv-Plural-Endung -ium. Neben diesen Ausnahmen sollte festgehalten werden, warum die Bezeichnung „zweiendig" für diese Adjektive verwandt wird.

2 fordert die Schüler zur genauen Auseinandersetzung mit den Endungen der zweiendigen Adjektive auf und schult überdies ihre metasprachliche Kompetenz, da sie die übriggebliebenen Formen grammatikalisch genau bestimmen müssen.

3 Bei dieser arbeitsteiligen schüleraktivierenden Übungsform wird der Aufgaben stellende Schüler über seinen Arbeitsauftrag an seine Klassenkameraden hinaus zur Konzentration verpflichtet. Es werden die Tempora wiederholt, insbesondere die verschiedenen Formen der Perfektbildung.

4 Vor dieser Übersetzungsübung könnten die Schüler dazu angehalten werden, alle Adjektive zu identifizieren und nach a-/o- bzw. 3. Deklination zu unterscheiden.

Fotos S. 69

Die Fotografien zeigen die Gipsabgüsse von durch den Vesuv umgekommenen Menschen und Tieren: Auf dem ersten Bild ist ein sich im Todeskampf windender Hund zu erkennen, auf Bild 2 ein auf dem Rücken liegender Mann, der sich vor herabfallendem Steinschlag mit erhobenen Armen zu schützen sucht, Bild 3 und 4 zeigen Menschengruppen, vielleicht Familien, in ihren letzten Lebenssekunden. Diese über einen Zeitraum von zwei Jahrtausenden hinweggeretteten Momentaufnahmen zeigen die Dramatik und das Grauen der gewaltigen Naturkatastrophe auf eindrückliche Weise.

Sentenz S. 69

Die Sentenz Non omnia possumus omnes ließe sich zwanglos mit L in Verbindung bringen. Plinius d. Ä. vereinigt in einer Person so unterschiedliche Tugenden wie wissenschaftliche Neugier, Menschlichkeit und Mut – sicherlich nicht die Regel, sondern die Ausnahme, die damit den Wahrheitsgehalt der Sentenz bestätigt. Man könnte die Schüler fragen, welche Konsequenz man aus dieser Sentenz ziehen kann. Eine denkbare Antwort wäre, verschiedene Einzelbegabungen zu einem Team zusammenenzuschließen.
Der Spruch stammt ursprünglich von dem römischen Satiriker Lucilius und ist überliefert bei Macrobius, *Saturnalien* 6,1,35.

Illustration S. 69

Die Illustration zeigt ein römisches Kriegsschiff (navis longa), kenntlich an dem dreigezackten Rammsporn (rostrum), mit dem der Kiel eines feindlichen Schiffes aufgebrochen wurde, und dem Turm auf dem Deck. Dieser war aus Holz, aber so bemalt, dass er wie aus Stein aussah. Aus erhöhter Position konnte man so Pfeile abschießen, während man selbst vor den Angriffen der Feinde geschützt blieb. Die Hauptstützpunkte der römischen Kriegsflotte waren seit Augustus Misenum in Unteritalien und Ravenna in Oberitalien. Außerdem gab es Flotten in der Bretagne (classis Britannica), im schwarzen Meer (classis Pontica) und Flussflottillen in Pannonien (Donau) und Germanien (Rhein).

20 Schlimme Nachrichten

F Verben: Infinitiv Perfekt

S Akkusativ mit Infinitiv (AcI)

L 20 ist zweigeteilt: Z. 1–5 schildern die Auswirkungen der Katastrophe von Pompeji in der Hauptstadt Rom, während Z. 6–18 den Bericht des L. Epillius über den Tod des Plinius d. Ä. beinhalten, der in L 19, Z. 24 nur knapp angedeutet worden war. Die Einführung in das syntaktisch so wichtige Phänomen des AcI kann anhand von L erfolgen – leichter dürfte der Zugang indes über die systematisch in das Thema einführenden Sätze von Ü1 fallen. (vgl. dort). Geht der Lehrer den Weg der Direkteinführung über L, muss er zwei neue Phänomene, AcI und Infinitiv Perfekt, zugleich behandeln – bei ihrem Erstvorkommen in L, Z. 3.
Dass die Z. 8–13a sich an 19 L anlehnen, ist Absicht. So kann sich der Schüler wegen des bekannten Inhalts auf die neuen grammatischen Phänomene AcI und Infinitiv Perfekt konzentrieren.
In Z. 10 sollte die Besonderheit der Abhängigkeit des AcI von dem unpersönlich konstruierten Verb constat hervorgehoben werden, in Z. 16 sollte corpus als Subjekt im Akkusativ deutlich werden, auf das sich der Prädikatsausdruck simile fuisse bezieht.
Nach der Lektüre könnten ausgehend von S d auf S. 65 des FELIX Begleitbandes die Arten der Verben, von denen ein AcI abhängt, anhand von L klassifiziert werden (Verben des Meinens oder Wissens: Z. 3 existimant, Z. 8 scio, Z. 11 puto, Z. 15 existimo, Z. 17 existimabant. Verben des Redens oder Erzählens: Z. 4 dicunt, Z. 7 narrat, Z. 8 dicunt, Z. 16 contendebant. Verben des Wahrnehmens: Z. 11 audivi, Z. 13 audivi. Unpersönlicher Ausdruck: Z. 10 constat).

2 Bei dieser handlungsorientierten Übung werden die relevanten Inhalte beider Lesestücke noch einmal wiederholt und kreativ umgesetzt – die Ergebnisse der Schüler sollten am Ende im Klassenrahmen präsentiert und im Klassenzimmer ausgestellt werden.

Foto S. 70

Zur Luftaufnahme vom heutigen Pompeji vgl. die Information zur Abbildung von S. 72!

Ü **1** Die Einführung des AcI geschieht dadurch, dass der Satz Viri ... (1) abhängig gemacht wird von einem Verb der Wahrnehmung (videbat in 2), wobei in diesem Fall die Konstruktion im Deutschen nachvollzogen werden kann („Plinius sah die Männer ... weggehen."). Beim Vergleich von Satz 1 und 2 sollten die Satzglieder bestimmt und die Veränderungen festgehalten werden. Beim Vergleich zwischen den Sätzen 3 und 4 wird die Notwendigkeit der Übersetzung mit einem dass-Satz offenkundig. Durch den Infinitiv Perfekt in den Sätzen 4–6 wird gegenüber dem übergeordneten Verb die Vorzeitigkeit ausgedrückt.
Die Beispielsätze der Ü1 reichen erfahrungsgemäß aus, um in einem einfachen Transfer das nachfolgende Lesestück zu übersetzen. Jedoch ist der AcI wegen seines häufigen Vorkommens ein zu wichtiger Stoff, als dass man sich damit begnügen sollte. Es ist sinnvoll, entweder den Befund im FELIX Begleitband, S. 64f., 20 S a–d sorgfältig rekapitulieren zu lassen oder in einem Tafelbild das Wesentliche festzuhalten: Regeln (Subjekt im Akkusativ/Prädikat im Infinitiv/im Deutschen dass-Satz), Zeitverhältnis, Satzgliedfunktionen des AcI als Objekt (in Ü1 berücksichtigt) oder Subjekt (bei unpersönlichen Ausdrücken, in Ü1 nicht berücksichtigt).

2, **3** Je nach Schwerpunktsetzung des Unterrichtenden können die zur Einübung gedachten Übungen 2 und 3 vor der Behandlung von L oder danach eingesetzt werden. In Ü2 werden einfache Sätze in den AcI umgeformt und das in Ü1 theoretisch reflektierte Phänomen aktiv eingeübt. Ü3 ist eine Systematisierungsübung zum Infinitiv Perfekt.

4 ist eine Übersetzungsübung, in die der AcI moderat eingebaut ist (Satz c und e). Das Thema der Besichtigungstour durch Pompeji knüpft mit seiner Vergegenwärtigung des Vergangenen an den Sequenzteiler S. 64f. an.

5 macht die Logik lateinischer Wortbildung transparent und bietet den Schülern eine Hilfe zu ökonomischem und intelligentem Vokalbellernen und -erschließen.

6 ist eine nützliche Einführungs-, aber auch Rekapitulationsübung, da jeder Satz das neue Phänomen des AcI repräsentiert.

21 Erinnerungen an Pompeji

F Perfektbildung: Reduplikation, Dehnung, ohne Stammveränderung

L 21 beinhaltet die Erzählung des Vaters Quintus von seinem letzten Besuch in Pompeji vor dem Vesuvausbruch. Dabei sind die schönen Erinnerungen durchsetzt von Klagen über den Tod vieler Freunde und Einwohner. Diese haben textstrukturierende Funktion: Die Z. 1–3 und Z. 23 bilden als Exposition und Schluss den Rahmen der Erzählung, während die Z. 11f. Nunc ... und Z. 16f. Nunc ... sie in Blöcke unterteilen.
Der Abschnitt von Z. 4–10 schildert die Erinnerung des Vaters an Freund Faustinus und die Suche nach dessen Tochter, die Z. 13–16 die Rückerinnerung an den Besuch bei Cornelius Rufus, Z. 18–22 den Gang zum pompejanischen Amphitheater.
Die durch die Verwendung der Infinitivform occidisse refrainartig wiederholten Klagen repetieren den AcI, der sonst in L nicht repräsentiert ist. Anhand der Infinitivformen cecidisse und occidisse (beide Z. 2) kann der Lehrer zeigen, dass Komposita die Reduplikation im Perfekt nicht mehr haben. Bei venimus in Z. 9 ist die Verwechslungsmöglichkeit mit dem Präsens durch den Kontext auszuräumen.
Die Z. 14–23 (oder ein Teil davon) eignen sich als schriftliche Hausaufgabe, da die vorkommenden Phänomene bis auf Z. 20f. vicerunt/vicit schon aus der ersten Hälfte von L bekannt sind.
Das in Z. 20f. eingefügte Graffito zeigt die Begeisterung für die Gladiatorenspiele. Hier wurde die Anzahl der Siege dreier Gladiatoren genau vermerkt, vergleichbar dem heutigen Interesse Sportbegeisterter an Statistiken. Graffiti in Pompeji dienten mehreren Zwecken: Man betrieb Wahlwerbung mit ihnen, kündigte öffentliche Ereignisse an, nutzte sie als Reklame für das eigene Geschäft oder auch zu privater Buchführung – die Wände waren im Vergleich zum teuren Papyrus ein billiger Beschreibstoff. (Vgl. Martin Langner. *Antike Graffitizeichnungen. Motive, Gestaltung und Bedeutung.* Wiesbaden 2001).
Die Einführung in die drei neuen Perfektbildungsarten lässt sich am Text gestalten – in der Reihenfolge Reduplikationsperfekt (cecidisse Z. 2) – Perfekt ohne Stammveränderung (descendi Z. 5) – Dehnungsperfekt (venimus Z. 9). Für das Dehnungsperfekt könnte das caesarische veni, vidi, vici als Merkhilfe nützliche Dienste leisten, zumal beide Formen wenig später in L vorkommen. (Z. 19 vidi, Z. 20 vicerunt). Denkbar ist aber auch die Einführung über Ü1 (vgl. dort).

Stadtplan S. 72

Die auf dem Stadtplan bezeichneten Gebäude lassen sich unter drei Rubriken systematisieren: Forum, Tempel, sonstige öffentliche Gebäude.

Das **Forum** war der wirtschaftliche und politische Mittelpunkt Pompejis, auf dem sich neben Apollo- und Jupitertempel eine *Säulenhalle* für Gerichtsverhandlungen und Geschäfte sowie ein großes *Marktgebäude* (Macellum) befanden. Am Apollotempel gab es zur Überwachung der Geschäftsleute ein Eichamt und das horreum war ein *Speicher* zur Lagerung von Getreide.

Von den **Tempeln** Pompejis war der *Apollontempel* der älteste, der auf das 6. Jh. v. Chr. zurückgeht und seine Bedeutung unter den römischen Kaisern behielt. Unter Nero wurde er mit großem Aufwand wiederhergestellt. Im nahe gelegenen Cumae befand sich das berühmte Heiligtum Apollons mit dem Orakel der weissagenden Priesterin Sibylle. Der *Jupitertempel* durfte als Ehrung des höchsten Gottes des römischen Pantheons nicht fehlen. Im *Venustempel* wurde die Venus Pompeiana verehrt. Im *Isistempel* wurde der ägyptischen Göttin Isis gehuldigt, deren Kult wohl den Griechen und Ägyptern zuzuschreiben ist, die sich in der Bucht von Neapel angesiedelt hatten. Puteoli war der Zielhafen für Schiffe aus Ägypten. Bald schon wurde Isis mit der älteren pompejianischen Schutzgöttin Venus identifiziert.
Neben den im Inneren des Tempels zelebrierten Isismysterien florierte in Pompeji auch der Dionysoskult, wie ihn der berühmte Bilderfries aus der sog. Mysterienvilla zeigt, die auf der Karte unten links als allein stehender Umriss zu sehen ist.
Vgl. dazu H. Mielsch, *Römische Wandmalerei*, Darmstadt 2001, S. 40–45 oder komprimierter: A. Müller, Die *Welt der Römer*, Münster 1999, S. 302f.

Öffentliche Gebäude: In Pompeji gab es vier *Thermen*, von denen drei auf dem Plan eingetragen sind: Forumsthermen, Zentrale und Stabianer Thermen. Sie künden vom Wohlstand der Stadt und der großen Bedeutung des Bads bei den Einwohnern Pompejis.
Beim *Theater* handelt es sich um ein großes Freilufttheater, das für Aufführungen mehrerer Schauspieler genutzt wurde, während das kleinere, überdachte *Odeon* für Dichterrezitationen, Rednerwettstreite und musikalische Darbietungen gedacht war.

Das um 80 v. Chr. am Stadtrand errichtete *Amphitheater* ist eines der ältesten Beispiele für solche Bauten. Die Entwicklung eines besonderen, mit Vulkansand versetzten Zements machte den Bau der großen Bogengänge möglich, die eine Anordnung steil ansteigender Sitzreihen zur besseren Sicht erlaubte. Im ca. 12000 Zuschauer fassenden Rund scheinen sowohl Gladiatorenkämpfe als auch Wagenrennen stattgefunden zu haben. Zum berühmten Amphitheaterkrawall im Jahre 59 n. Chr., der ein zehnjähriges Spieleverbot nach sich zog, vgl. L 23.
Die *Große Palästra* wurde zu augusteischer Zeit erbaut und war ein Zentrum für junge Athleten. An der Seite befindet sich ein Säulengang mit 118 Säulen, in denen Lehrer ihre Schüler unterrichteten, in der Mitte ein Schwimmbecken. Zwei Reihen von Platanen sorgten für Schatten und Kühle. Beide zuletzt beschriebenen Gebäude sind in der Luftaufnahme S. 70 gut zu erkennen.

1 dient der Nachbereitung von L und trainiert die Schüler, Informationen aus Text und Bild sinnvoll miteinander zu verknüpfen.

Ü

1 Die drei Sätze behandeln die neuen Phänomene in der Reihenfolge der Grammatik des Felix Begleitbandes S. 67, 21 Fa-c.
Satz 1 führt das Reduplikationsperfekt kontrastiv zur entsprechenden Präsensform ein.
Satz 2 zeigt im Kontrast zum Synonym spectavit das Dehnungsperfekt von vidit. Der Lehrer sollte auf den minimalen, aber bedeutenden Unterschied zur Präsensform videt hinweisen.
Satz 3 repräsentiert das Dehnungsperfekt ohne Stammveränderung anhand zweier Infinitive im Perfekt. Der Vergleich mit den Infinitiven beider Formen im Präsens zeigt den gleichbleibenden Wortstamm (descend-ere, descend-isse).

2 Schülergerecht gestaltete Systematisierungsübung zur Synopse aller gelernten Bildungsarten des Perfekts.

4 Traditionelle Übung zum Fortleben des lateinischen Wortschatzes unter neuer transferartiger Aufgabenstellung.

5 Altersgerechter Übersetzungstext, der über ein pompejanisches Originalgraffito motiviert wird. In Satz 1 wird das Reduplikationsperfekt, in 2 das Dehnungsperfekt repräsentiert. Die Sätze 3–5 leisten eine immmanente Wiederholung des AcI.

Infotext S. 72

Mit dem wissenschaftlichen Werk ist die monumentale, vom späteren Literaturnobelpreisträger Theodor Mommsen (1817–1903) initiierte Sammlung des *Corpus Inscriptionum Latinarum* (abgekürzt CIL) gemeint. Zu Biographie und Werk des großen Gelehrten vgl. Zeitschrift Antike Welt, 6/2002, S. 698–703.

22 Theater oder Gladiatorenspiele?

F	Pronomen is
S	Pronomen is: Verwendung

L

Nachdem in den vorangegangenen L-Stücken vorwiegend von Leid und Tod die Rede war, bietet 22 L eine thematische Aufhellung. Anlässlich eines Theaterbesuchs der Lehrbuchfamilie antwortet die Mutter nach dem Prologauftritt eines Schauspielers (Z. 4–7) auf die Fragen der Kinder zum Theater (Z. 8–14), bevor eine scherzhaft ausgetragene Meinungsverschiedenheit der Kinder zum Wert von Theater bzw. Amphitheater das Stück beschließt (Z. 14–20).
Unter den libelli in Z. 5 sind Programmhefte zu verstehen, die römische Theaterbesucher nicht zur Verfügung hatten; deren Funktion einer Kurzinformation über den Inhalt des aufgeführten Stücks übernahm der Prologsprecher. Bei der Übersetzung des Ausdrucks personam mutare (Z. 12), „die Maske tauschen", sollte auch die übertragene Bedeutung „die Rolle wechseln" mitberücksichtigt werden; sonst ist der Sprachwitz des Marcus Z. 15 nicht verständlich. Er wechselt seine Rolle vom braven Theaterzuschauer zum „bösen" Buben, den es mehr zu den Gladiatoren zieht.
Die gesamten im Vorspanntext bzw. in den Randangaben genannten Realien wie Marcellus-Theater, actor, scaena, persona können anhand der Abbildungen dieser Doppelseite sofort optisch nachvollzogen werden. Das Pronomen is kann gut über L eingeführt werden; die erste Hälfte stellt es in seiner Funktion als bloßes Demonstrativpronomen vor. Seine anderen Verwendungsweisen als Personal- und Possessivpro-

nomen könnten vor der Lektüre der zweiten Hälfte von L über Ü1 erschlossen werden. (vgl. dort)

1 trainiert durch detaillierte Nachfragen zum Text ein genaues Leseverständnis.

2 schult den Schüler darin, alle vorhandenen Materialien, die das Buch bereithält, auszuschöpfen und sinnvoll miteinander in Beziehung zu setzen.

3 Die in L angelegte Zweiteilung zwischen hoher und niedriger Kultur, (sublimerem) Theater und (derberem) Amphitheater wird hier aktualisierend weiterverfolgt und fordert die Schüler zu einer argumentativ unterfütterten Stellungnahme heraus (Theater, Oper, Radiosendung, Buch vs. Sportstadion, Rockkonzert, Kino, Fernsehsendung).

Ü

1 In dieser Übung können unmöglich alle Formen des Paradigmas des Pronomens is, ea, id vorgestellt werden (Präsentation des vollständigen Paradigmas möglich über die Grammatik des FELIX Begleitbandes, S. 69, 22 F, im Vergleich mit dem Relativpronomen ebd., S. 53, 16 F, z. B. bei Genitiv und Dativ Sg.), deutlich werden aber die unterschiedlichen Anwendungen:

- Demonstrativpronomen „derjenige" (1: is vir/3: ii viri)
- Possessivpronomen „sein / ihr" (2/4)
- Personalpronomen „er/sie/es" (5): Den Schülern sollte deutlich werden, dass die Pronomina iis und eos das Substantiv gladiatores aus dem Vordersatz ersetzen.

Die Verwendung des Pronomens is verlangt eine schülergerechte Anwendungsregel mit Hilfe des FELIX Begleitbandes, S. 69, 22 S oder:

1. Form von is mit kongruierendem Beziehungswort = „dieser"
2. Form von is mit folgendem Relativsatz = „derjenige"
3. Genitiv Sg. /Pl. von is: „sein / ihr"
4. Sonstige Formen von is: „er, sie, es."

2 vervollständigt und trainiert das Formenparadigma zum Pronomen is.

3 ist eine Aufgabe, die 22 und 23 L umfasst und nach dem Vorbild des FELIX Begleitbandes, S. 60, zwei weitere Sachfelder erschließt.

4 Das Verhältnis von fünf lateinischen Basiswörtern und 14 davon abgeleiteten Fremdwörtern sollte den Schülern die produktive Kraft der lateinischen Sprache eindrucksvoll vor Augen führen.

5 eignet sich als Hausaufgabe. In ihr ist das Pronomen is nur in seiner Funktion als Demonstrativpronomen verwandt.

6 Diese Übung mag den Schüler dafür sensibilisieren, dass Latein bis zum 18. Jh. europäische Wissenschaftssprache war und daher viele Abkürzungen resultieren, wie etwa etc. (et cetera) u. v. m.

Rekonstruktionszeichnung S. 75

Das Marcellus-Theater wurde 17 v. Chr. zum Gedenken an den 23 v. Chr. verstorbenen Neffen des Augustus, Marcellus, fertiggestellt. Während die Griechen ihre Theater in geeignete Berghänge bauten, schufen die Römer autonome Baukörper. Die hier sichtbare Außenseite des Zuschauerraums zeigt das erste Stock-werk in dorischer, das zweite in jonischer und das dritte in korinthischer Säulenordnung. Heute erhalten sind nur mehr die ersten beiden Stockwerke. Der Durchbruch vorne rechts gibt einen Blick auf die Zuschauerränge (cavea) frei; die Perspektive ermöglicht auch einen Blick auf das Bühnenhaus (scaenae frons) mit vorliegender Bühne (scaena).

23 Krawall im Amphitheater

F	Reflexivpronomen
S	1 Pronomina im AcI 2 Pronomen suus: Verwendung

L

thematisiert den bei Tacitus *ann.* 14,17 geschilderten Amphitheaterkrawall zwischen den Einwohnern Pompejis und Nucerias aus dem Jahre 59 n. Chr., den in der Rahmenfiktion des Vorspanns der Vater seinen Kindern als Zeitzeuge erzählt.

Nach einer Art Exposition (Z. 1–3), die das Zusammenströmen der Landbevölkerung in die Arena und die Vorfreude auf die Schauspiele schildert, erklären die Z. 4–8 die Entstehung des Konflikts aus wechselseitigen Spottreden beider Bevölkerungsgruppen, bevor die Z. 9–12 seine Eskalation darstellen. Der letzte Abschnitt (Z. 13–19) zeigt das harsche juristische Nachspiel dieses Vorfalls in Rom.

Der Lehrer sollte auf Feinheiten des Textes eingehen. Er könnte z. B. darauf hinweisen, dass das von den Zuschauern erhoffte grausame Arenageschehen (Z. 4) eine emotionale Aufladung des Publikums bewirkt, die

sich im Folgegeschehen Bahn bricht. Weiterhin sollte deutlich werden, dass es auf Seiten der Nuceriner besonnene wie heißblütige Zeitgenossen gibt (Z. 7f. alii ... alii). Die Eskalation vollzieht sich in einer Klimax von harmlosen über zunehmend gefährliche Wurfgegenstände (libelli, pulvini, saxa Z. 10) bis hin zum Gebrauch von Waffen (arma Z. 11), die mit letzter Konsequenz eingesetzt werden (Z. 12 necabant). Die Schüler sollten für die bewusste Verwendung der Punkte vor ... et necabant sensibilisiert werden – sie verdeutlichen das zögerliche Grauen des berichtenden Vaters vor dem nahezu Unaussprechlichen; die Interpunktion ist also als Affektsignal zu verstehen.
Im Satz Z. 4f. sollte der Hauptsatz zunächst isoliert betrachtet werden, um die Schwierigkeit von iuvabat als unpersönlich gebrauchtem Ausdruck zu klären. In Z. 5f. sollte der Lehrer im Sinne der Ausdrucksschulung auf eine gute deutsche Wiedergabe des Syntagmas verba turpia ... faciebant achten („verspotteten").
Die Durchnahme des neuen Grammatikstoffes kann über L geleistet werden: Dabei kann anhand von Z. 4 zunächst das Wesen des Reflexivpronomens als rückbezüglichen Fürworts exemplarisch verdeutlicht werden (... gladiatores ... se parant), in Z. 7f. das Pronomen suus in seiner reflexiven Verwendung (alii e Nucerinis suum comitem ... sollicitabant). In Z. 11 wird das Kasusparadigma des Reflexivpronomens mit secum um den Ablativ Sg. erweitert. Anhand der Z. 14f. sollte der Lehrer im Kontrast der aufeinander folgenden Sätze auf die substantivische (suos flebant) wie adjektivische Verwendungsmöglichkeit (suos iuvenes) des Pronomens suus hinweisen. Wenn der Lehrer beide Sätze (Nucerini suos iuvenes ... portare decreverunt und Senatores eos audiverunt) an der Tafel untereinander schreibt und so die Parallelität der Satzglieder Subjekt, Objekt und Prädikat graphisch augenfällig macht, fällt die Erklärung leicht, warum im Folgesatz (senatores) das reflexive suos iuvenes durch eos ersetzt wird (Subjektswechsel). Das Phänomen des Pronomens im AcI findet sich in L zum erstenmal in Z. 16 und ein zweites Mal in Z. 19. Grammatisch vorentlastet werden kann L aber auch durch Ü1 und 2 (vgl. dort).

1 macht die Schüler auf die Aktualität antiker Phänomene aufmerksam. Mögliche Aspekte eines Unterrichtsgesprächs könnten etwa folgende sein: die Spottgesänge in Fußballstadien auf die Anhänger der Gegenmannschaft, das Abbrennen von Feuerwerkskörpern, Hooliganschlachten. Mögliche Gegenmaßnahmen: Eingangskontrollen, Polizeiaufgebot, Ordnerdienste, Getränkeausschank nur in Pappbechern, deeskalierende Fanclubarbeit im Vorfeld der Spiele.

Ü **1** stellt das Pronomen suus in reflexiver Verwendung vor. Um die Rückbezüglichkeit graphisch zu verdeutlichen, sollte der Lehrer den Satz an die Tafel schreiben und einen Pfeil von suo auf gladiator zurückdeuten lassen. Das Wort gladius muss aus der nebenstehenden Abbildung erschlossen werden; so wird zugleich die etymologische Herkunft des Wortes gladiator offensichtlich.
Die Sätze 2 und 3 führen das Reflexivpronomen im AcI vor. Dabei wird deutlich, dass se sowohl für Akkusativ Sg. als auch Pl. stehen kann.
Satz 4 dient als Kontrastfolie zu 2 und 3: Beim Subjektswechsel muss das Demonstrativpronomen anstelle des Reflexivpronomens verwendet werden. Unmittelbar einsichtig wird dieser Sachverhalt anhand der Abbildung im Felix Begleitband, S. 71, S2.

2 könnte als Einstieg in das neue Phänomen des Reflexivpronomens verwandt werden. Die Übung macht den Schülern bewusst, dass einige lateinische Verben von sich aus reflexiven Charakter besitzen und deshalb keiner Ergänzung durch ein Reflexivpronomen bedürfen.

3 kann entweder nach dem Lesen von L oder lektürebegleitend bearbeitet werden (reflexiv gebrauchte Pronomen in L: Z. 4, 8, 11, 14, 16, 19).

4 ist eine zusätzliche lateinisch-deutsche Übersetzungsübung mit dem bereits aus 20 Ü4 und 21 Ü5 bekannten Kontext der Reise mit Felix durch Pompeji. Darüber hinaus verdeutlicht sie durch die geforderte Ersetzung der Pronomina durch Substantive den stellvertretenden Charakter der Fürwörter.

5 beleuchtet inhaltlich die Situation der Gladiatoren, in jedem Kampf potentiell vor der Alternative Leben oder Tod zu stehen. Die Übersetzungsübung könnte durch die Besprechung von I und der Abbildung eines kämpfenden Gladiatorenpaars motiviert werden.

Foto des Gladiatorenpaars S. 76

Der sog. thraex (Thraker) rechts trägt traditionell ein gekrümmtes Schwert (sica, falx), dessen Spitze hier oberhalb seines viereckigen kleinen Schildes (parmula) zu erkennen ist. Außerdem tragen thraeces Helme, die vorne mit einem mit Federn geschmückten Kamm und einem Greifenkopf verziert sind, dazu zwei sehr hohe Beinschienen und eng anliegende Hosen oder Bandagen um die Beine.
Der murmillo links zählte zu den schwer bewaffneten Gladiatoren. Gut ist der Arm- und Handschutz (manica) am rechten Arm zu erkennen. In der Linken trug er das große Legionärsschild (scutum), in der Rechten das geradklingige Kurzschwert (gladius). Am linken Unterschenkel trug er eine Beinschiene. Bei der abgebildeten Kopfbedeckung handelt es sich um eine sog. „Krempenhelm".

Zur Kampfweise dieser Paarung vgl. M. Junkelmann. *Das Spiel mit dem Tod. So kämpften Roms Gladiatoren.* Mainz 2000, S. 151f.

Rekonstruktionszeichnung S. 77

Von außen sieht man die drei Geschosse aus Arkaden, deren Pfeiler unten mit dorischen, in der Mitte mit jonischen und oben mit korinthischen Halbsäulen geschmückt sind. In den Arkadenöffnungen des zweiten und dritten Stockwerks standen Statuen. Darüber befand sich ein (heute nicht mehr erhaltenes) Geschoss mit rechteckigen Fenstern und korinthischen Wandpfeilern.
Umlaufend waren wie hier sichtbar 240 Mastbäume in quadratischen Halterungen angebracht, an denen das riesige Segel (velarium) zum Schutz vor der Sonne befestigt wurde. Diese Arbeit verrichteten rund 1000 Matrosen, die von den Flottenverbänden aus Misenum bzw. Ravenna eigens dafür in Rom einquartiert wurden. Die Zuschauertribüne war in fünf Ebenen unterteilt. Die unteren, direkt am Schauplatz gelegenen Sitze waren Senatoren und anderen bedeutenden Persönlichkeiten vorbehalten. Die obersten hölzernen Sitzreihen wurden von einer Säulenhalle beschattet. Im Querschnitt links sieht man die verzweigten Korridore mit ihren Treppenaufgängen, die zu den auf der Tribüne rundum auf der Abbildung sichtbaren Zugängen (vomitoria) führten.
Unter der Arena sieht man die unterirdischen Durchgänge und Kammern, in denen Tiere und Gladiatoren ihren Auftritt erwarteten.

Sentenz S. 77

Bei der Sentenz „Omnia mea mecum porto" handelt es sich um ein von Cicero (*Paradoxa* 1,1,8) beglaubigtes Wort des ohne Habe aus seinem Vaterland fliehenden Philosophen Bias (um 570 v. Chr.). Auf lebenspraktischen Bezug angewandt könnte die Sentenz aussagen, dass geistiger Besitz höher einzuschätzen ist als materieller, da er nicht von äußeren Umständen abhängt.

W4 Lesen und Üben mit Felix

S. 78

Diese Seite bietet einen lateinischen Text mit einfacher Syntax, um den Schülern das Vergnügen am unbeschwerten Lesen zu ermöglichen. Passend zum ersten Text sind auf den griechischen Vasenbildern von links nach rechts der Wettlauf, der Weitsprung und der Ringkampf als drei Disziplinen des griechischen Fünfkampfs abgebildet (Diskuswerfen und Speerwurf fehlen).
Der Weitsprung war der einzige Sprungwettbewerb im griechischen Sport. Die Wettkämpfer hielten steinerne Sprunggewichte (halteres) in den Händen, die sie vorwärts schwangen, um sich einen stärkeren Schub zu verschaffen.

S. 79

Auf dieser Seite werden wesentliche Grammatikphänomene der Sequenz 18-23 wiederholt: Verwendung von Perfekt und Imperfekt sowie die verschiedenen Formen der Perfektbildung im Übersetzungstest, der Infinitiv Perfekt (Ü1), die zweiendigen Adjektive (Ü2), dazu schülermotivierende Wortschatzübungen (Ü 3/4).

5. Sequenz: Rom – Wille der Götter (L 24–26)

Wie die zweigeteilte Überschrift verdeutlicht, thematisiert die Sequenz zwei Aspekte: den Mythos der Stadtgründung Roms ausgehend von Aeneas (L 24) bis hin zu Romulus und Remus (L 25 und 26).
In dieser Sequenz (und künftig) wird nicht mehr auf die Lehrbuchfamilie zurückgegriffen.
Der antike Mensch sieht sich abhängig von den Göttern, die sein Leben beeinflussen, die ihn auch ständig umgeben, weil er meint, dass die ganze Welt von göttlichen Wesen determiniert ist. In der Sequenz werden verschiedene Formen göttlicher Willensäußerungen vorgestellt: Erscheinungen, Visionen, Träume, Vogelschau. Ein weiteres Anliegen der Sequenz ist darüber hinaus, bei den Schülern Neugier auf die römische Frühgeschichte zu wecken sowie auf die Großepen der Antike (*Ilias, Odyssee, Äneis*). Dazu dient schon der deutsche Sequenzteiler „Ein rätselhaftes Pferd" (S. 82f.), das knapp die iliadische und odysseische Vorgeschichte zu L 24 skizziert und über die Aufgaben die Schüler dazu anhält, ihr Vorwissen zu diesem Komplex zu aktivieren bzw. zu erweitern.

24 Der Untergang Trojas

S 1 Satzgefüge
2 Gliedsätze als Adverbiale
3 Gliedsätze: Sinnrichtungen der Adverbialsätze
4 Dativ des Besitzers

T 1 Satzreihe
2 Relativer Satzanschluss

L In L 24 wird auf der Grundlage von Vergils nationalrömischem Epos, der Äneis, die Eroberung Trojas geschildert: Die Z. 1–9 thematisieren aus der Perspektive des Äneas die griechische List mit dem hölzernen Pferd und das Leid der Trojaner, die Z. 10–20 handeln von der Flucht des Äneas mit Vater und Sohn aus der Heimatstadt.
Anhand der ersten beiden Sätze könnte der Lehrer die Eigenart der Satzreihe (Z. 1 zwei gleichrangige Sätze stehen nebeneinander) mit dem Satzgefüge vergleichen lassen (Z. 2f. Unterordnung des mit dum eingeleiteten Gliedsatzes unter den HS). Auch sollte hier in das Wesen des relativen Satzanschlusses eingeführt werden (Z. 2 Qui, Z. 4 Quo modo, später fortgeführt in Z. 15 Quibus verbis). In den Z. 8–15 treten die Gliedsätze vermehrt auf, anhand deren die verschiedenen Sinnrichtungen behandelt werden sollten (konzessiv, temporal, konditional). In Z. 12 wird der Dativ des Besitzers eingeführt. Der Schlussabschnitt Z. 16–22 beinhaltet vergleichsweise wenig neuen Grammatikstoff, sodass sich diese Passage als schriftliche Hausaufgabe anbietet. In den Grammatikstoff kann alternativ auch über Ü1 eingeführt werden (vgl. dort).

1 Die Schüler sollen Berninis Plastik mit L, Z. 16f. in Zusammenhang bringen. Auch wenn es sich um eine Textverständnisüberprüfung auf niedrigem Niveau handelt, ist doch die Verknüpfung mit einem Bildmedium motivierend.

2 dient der immanenten Wiederholung zur Verwendungsweise des Perfekts und Imperfekts im Lateinischen.

Ü 1 Im Grammatikstoff sollen Satzreihen (aus der bisherigen Praxis hinreichend bekannt; vgl. FELIX Begleitband, S. 74, 24 T1) von Satzgefügen (ebd., S. 73, 24 S1) unterschieden werden.
Die Übung weist durch die Beispielsätze (1–4) auf, dass Gliedsätze oft die Funktion eines Adverbiales haben (in Unterscheidung z. B. von Relativsätzen, die Attribut sind, aber gelegentlich auch Subjekt/Objekt sein können): vgl. FELIX Begleitband 24 S2 (S. 73).
Die verschiedenen Subjunktionen (vgl. Sätze 1–4) geben den Gliedsätzen jeweils eine bestimmte Sinnrichtung (temporal, kausal, konzessiv; vgl. FELIX Begleitband, S. 73, S3.
Zur Überprüfung dienen Ü4 (Bestimmungsübung zu L) und die Einsetz- und Übersetzungsübungen

2 und 3 Die Sätze 1 und 2 weisen auf Besonderheiten beim Gebrauch der lateinischen Subjunktionen postquam (Vorzeitigkeit) und dum (Gleichzeitigkeit) hin: Im Deutschen kommt es bei postquam auf das Tempus des Hauptsatzes an (Perfekt, wenn Präsens im HS; Plusquamperfekt, wenn Vergangenheitstempus im HS); bei dum ist eine Angleichung des Tempus an das des Hauptsatzes erforderlich.
Satz 5 stellt den relativen Satzanschluss vor, wobei das Phänomen auf die Anwendungsformel reduziert werden könnte: Relativpronomen am Satzanfang wird

oft mit der entsprechenden Form des Demonstrativpronomens („dieser/diese/dieses") übersetzt. Ü5 könnte zur Vertiefung angeschlossen werden. In Satz 6 wird in den Dativ des Besitzers eingeführt.

2 Bewusst wurde mit dem Blick ins Innere des Trojanischen Pferdes ein Wechsel von der trojanischen zur Perspektive der angreifenden Griechen unternommen; die Übung soll die Sicherheit im Umgang mit den Subjunktionen schulen.

3 und **4** üben die terminologische Sicherheit bei der Bestimmung der Sinnrichtung der Adverbialsätze.

5 ist eine Übung zur Vertiefung oder auch zur Einführung des relativen Satzanschlusses. Zur Einführung sollten den Schülern allerdings die Grundzüge der Eroberung Trojas inhaltlich bekannt sein.

6 ist eine immanente Wiederholung zum Phänomen des AcI.

Abbildung S. 84

Berninis Skulpturengruppe wandelt das in der Kunst geläufige Bildmotiv ab, indem der auf den Schultern des Äneas sitzende Vater Anchises die Penaten in der Hand trägt. Sonst trägt Äneas bzw. Askanius das Kultbild der lanzeschwingenden Athene (sog. Palladium) aus Troja.

Sentenz S. 85

Nach der Übersetzung der Sentenz „Gladiator in arena capit consilium" (Seneca *ep.* 22,1) sollte der Lehrer die Schüler eine Deutung versuchen lassen. Im eigentlichen Sinne bedeutet die Wendung, dass ein Gladiator über genügend Kampferfahrung verfügt, sodass es genügt, wenn er sich unmittelbar vor Kampfbeginn die Strategie zurechtlegt. Übertragen ließe sich die Sentenz auf den Erfahrungshorizont des Schülers dahingehend, dass er sich bei guter Vorbereitung ohne schlaflose Nächte auf eine anstehende Prüfung einlassen kann.

25 Die Wölfin – Wahrzeichen Roms

F 1 Verben: Futur I (a- und e-Konjugation, esse)
2 Verben: Futur I (i- und konsonantische Konjugation)

T Verwendung des Futur I

L Der Zugang zu L erfolgt durch den Einführungstext. Durch Lehrererzählung könnte die Vorgeschichte verdeutlicht werden und für Spannung auf den Fortgang sorgen. Eine sinnvolle didaktische Möglichkeit besteht aber auch darin, die Schüler anhand des Vorspanntextes einen Stammbaum erstellen zu lassen. L thematisiert, wie Mars der Rea Silvia im Traum die Geburt und die Zukunft ihrer Söhne Romulus und Remus weissagt. Texterschließungsfragen könnten sich auf Konnektoren und relative Satzanschlüsse beziehen. In Z. 13 und 15 muss auf die jeweils passende Wiedergabe der Form contendent geachtet werden (vgl. 31 Üe). Die Grammatik sollte wegen ihrer Komplexität und der Systematisierung halber über Ü1 eingeführt werden (vgl. dort)

Abbildungen S. 86

Nach der Lektüre der Mittelpassage (Z. 8–10) empfiehlt sich die Betrachtung des Reliefs unter L: Links unten sieht man die Zwillinge, wie sie in bekannter Ikonographie an den Zitzen der Wölfin hängen (Z. 8); bei der rechts von dieser befindlichen Gestalt handelt es sich um die Personifikation des Flussgottes Tiber, wie die halb liegende Position und der Uferschilf anzeigen (Z. 6). In der oberen Bildhälfte sind drei Hirten in typischer Kleidung und mit Stöcken zu sehen (Z. 9). Der Adler als Herrschaftssymbol könnte antizipierend als Verheißung der künftigen Größe Roms gedeutet werden, wie sie von Romulus und Remus ihren Ursprung nimmt.

Ü **1** Satz 1 stellt Präsens und Futur I der a-Konjugation gegenüber, sodass die Schüler leicht das Tempuszeichen des Futur -bi- erschließen können. Satz 2 erweitert das Futurparadigma um die 3. Pers. Pl. Hier bietet es sich an, das vollständige Futurparadigma der a-Konjugation an der Tafel festzuhalten und zugleich den analogen Übertrag auf die e-Konjugation anzustellen. Satz 3 von Ü1 stellt dem Präsens von esse das Futur gegenüber – auch hier sollte der Lehrer das Futurparadigma von esse und Komposita sowie von posse an der Tafel und im Heft festhalten lassen. An die Lektüre des Satzes 4 könnten sich zur Festigung und Vertiefung des Neugelernten die Übungen 2 und 3 anschließen. Die Sätze 5 und 6 eignen sich für die Neueinführung des Futur I in der i- und der konsonantischen Konjugation. Durch die Futurform imperabo ist das Leittempus vorgegeben, sodass die Schüler sich die neue Endung des Futur I in der 1. Pers. Sg. -am leicht erschließen können. Dabei repräsentiert quaeram die Futurbildung der konsonantischen, reperiam die der i-Konjugation. Satz 6 verweist auf das Tempuszeichen e. Auch hier sollten am Beispiel je eines Verbs der i- bzw. konsonantischen Konjugation an der Tafel die vollständigen Paradigmata erscheinen, bevor entweder mit L begonnen werden kann oder mit den Ü4 und 5 das neue Phänomen vertieft und gesichert wird.

2 üben gezielt die Bildung des Futurs in der a- und e-Konjugation ein.

3 grenzt verschiedene Tempusformen voneinander ab.

4 In der Praxis werden die Futurformen der a- und e-Konjugation mit ihrem signifikanten Tempuskennzeichen („b-Futur") gut erkannt, jedoch geht das Futur der i- bzw. konsonantischen Konjugation leicht unter oder wird mit dem Präsens verwechselt. Daher sollte man über das Übungsangebot des Lehrbuches hinaus Übungen anbieten, in denen auf die Unterscheidung der Tempora geachtet wird. Um Eintönigkeit zu vermeiden, könnte man etwa bei der Bildung von Tempusreihen die Personalendungen abwechseln lassen (z. B. als Hausaufgabe oder Übung in der Stunde): divido, dividebas, dividet, dividimus; dubitatis, dubitabant, dubitabo, dubitavisti etc. Ü4 schult die Sicherheit in der Bildung der Futurformen.

5 übt bewusst gemischt die Futurbildung in allen Konjugationen ein.

6 übt durch die Umformung lateinischer Sätze einmal mehr den Dativ des Besitzers aktiv ein. Der Lehrer sollte auf die Bedeutung der an Asterix und Obelix angelehnten Namensgebung der Protagonisten hinweisen: So ist Possedix dem Namen nach der Besitzende und Habenix der arme Habenichts. Wieder wäre die Sentenz Nomen est omen anwendbar.
Abseits der grammatikalischen Einübung sollte der letzte an ein stoisches Paradoxon gemahnende Satz des Possedix erläutert werden. Entgegen der verbreiteten Ansicht, dass vor allem materielle Güter glücklich machen, erklärt Possedix, dass die Bedürfnislosigkeit den größten Besitz darstelle (vgl. dazu auch die Sentenz Omnia mea mecum porto S. 77, L 23).

7 Wie in 16 Ü6 werden Fremdwörter aus dem Lateinischen in einen Minikontext eingebunden.

Sentenzen S. 87

Serva me, sevabo te. Wortspiel, Antithese, Parallelismus. Deutsche Entsprechungen: Eine Hand wäscht die andere. Wie du mir, so ich dir.
An der berühmten Sentenz Cäsars Veni, vidi, vici anlässlich seines Blitzsieges über König Pharnaces von Pontus bei Zela 47 v. Chr. kann das Dehnungsperfekt wiederholt werden und das Stilmittel der Alliteration vorgeführt werden.

26 Streit unter Brüdern

F Adjektive der 3. Deklination (drei- und einendige)

L thematisiert die mythische Vorgeschichte Roms mit der Vogelschau zugunsten des Romulus und dem Streit beider Brüder, der mit dem Tod des Remus endet. Zur systematischen und auf engem Raum kondensierten Darbietung des neuen Grammatikstoffes wird Ü1 empfohlen (vgl. dort).
Darüber hinaus sollte in Z. 1 auf den vom Lateinischen abweichenden Tempusgebrauch bei der Übersetzung von postquam-Sätzen ins Deutsche erinnert werden. Es empfiehlt sich, Ü5 zu den Bedeutungsnuancen von contendere vor L zu bearbeiten, da das Verb hier in allen Begriffsschattierungen vorkommt (Z. 7, 10, 13, 17). Die bunte Illustration neben L lässt sich leicht mit den Z. 11ff. in Verbindung bringen: Über Remus erscheinen sechs, über Romulus zwölf Vögel.

1 Hier könnten z. B. folgende Aspekte angesprochen werden:

- Rom im Herzen der landwirtschaftlich nutzbaren Ebene Latiums
- Zugang zum Meer (Handel)
- beste Verteidigungsmöglichkeit aufgrund geschützter Lage in Mittelitalien.

2 Interessant ist der Vergleich mit Kain und Abel (vgl. *Gen.* 1,4). Denn auch hier ist eine Gott zugeschriebene Entscheidung (geglaubte Annahme bzw. Ablehnung eines Opfers) Handlungsauslöser für die schreckliche Tat. Unterschiede bestehen in der Art des Brudermords, da Romulus im Jähzorn handelt, Kain dagegen heimtückisch.

Abbildung S. 88

Die Illustration zeigt einen Augur mit dem lituus in der Linken, zu seinen Füßen ein pickendes Huhn. Neben der in I beschriebenen Beobachtung des Vogelflugs, bei dem die Deutung von der Vogelart bzw. der Flugrichtung der Vögel abhängen konnte, zogen die Auguren auch Rückschlüsse aus dem Futterappetit der heiligen Hühner. Für deren Beobachtung waren sog. pullarii zuständig, die dem Augur in kodifizierter Form darüber Bericht erstatteten. Bei dieser Form des auspicium stand der Manipulation Tür und Tor offen, wie sich leicht denken lässt.

Ü

1 Anhand der Sätze 1 und 2 kann der Lehrer am Beispiel von ingens im Verbund mit einem Femininum (multitudo), einem Maskulinum (clamor) und einem Neutrum (periculum) aufzeigen, dass die einendigen Adjektive der 3. Deklination im Nominativ Sg. in allen drei Geschlechtern nur eine Endung aufweisen. Ein Vergleich mit den Sätzen 3 und 4 anhand des dreiendigen Adjektivs acer hingegen macht deutlich, dass diese Adjektive im Nominativ Sg. jeweils für alle Geschlechter eine eigene Endung haben. Das Lernen wird entschieden vereinfacht durch den Hinweis, dass in den übrigen Kasus kein Unterschied besteht gegenüber den in L 19 gelernten zweiendigen Adjektiven der 3. Deklination. Zu beachten allerdings sind die Verwechslungsmöglichkeiten zwischen den Adjektiven der a-/o-Deklination auf -(e)r (pulcher, pulchra, pulchrum) und den dreiendigen Adjektiven der 3. Deklination (acer, acris, acre).

2 dient der Schulung der Ausdrucksfähigkeit.

3 schult aktiv die Kasusbildung zu den Adjektiven aller Deklinationsklassen. Der Lehrer sollte die Schüler dazu anhalten, sich bei jedem Adjektiv dessen Zugehörigkeit zur entsprechenden Deklinationsklasse vorab bewusst zu machen.

4 wiederholt aktiv alle bis zu dieser Lektion gelernten Tempora.

5 schärft am Beispiel des polyvalenten Verbs contendere das Bewusstsein des Schülers für die jeweils treffende deutsche Übersetzung und leistet wie Üb einen Beitrag zur Sprachschulung.

6 übt vertiefend die Bildung der Futurformen von esse und den Komposita von esse ein.
Der Lehrer sollte darauf aufmerksam machen, dass es sich bei der Abbildung um ein Wachstäfelchen handelt, auf das man in der Antike mit einem Griffel Buchstaben einritzte. Mit dem breiten Ende des Griffels schabte man das Geschriebene wieder ab, sodass eine mehrmalige Nutzung des Beschreibstoffes möglich war. An den Bindungen erkennt man, dass mehrere solcher Tafeln (cerae, pugillaria) zu einem sog. codex zusammengefügt sind, also dem Vorläufer des modernen Buchs.

7 bietet sich als schriftliche Hausaufgabe an, die immanent die Phänomene des Futur I und des relativen Satzanschlusses wiederholt.

Sentenz S. 89

Die Sentenz Vox populi vox dei stammt von Petrus von Blois (12. Jh. n. Chr.), geht aber auf einen alten Gedanken zurück, der bei Seneca Rhetor so gefasst ist: Crede mihi, sacra populi lingua est.

W5 Lesen und Üben mit FELIX

S. 90f.

Zwei Anekdoten aus der Frühzeit Roms runden die in L 24-26 behandelten Gründungsmythen der Stadt ab (Der untreue Lehrer von Falerii, Der Raub der Sabinerinnen). In beiden Geschichten geht es um Verrat, eine Untugend, die die Römer stets ihren Gegnern zuschrieben, während sie sich als Hüter der fides verstanden (man denke nur an die sprichwörtliche perfidia Punica im Umfeld des 2. Punischen Krieges). Beide Verräter (der griechische Lehrer und Tarpeia) werden für ihre Tat bestraft.
Die Landkarte auf S. 90 kann Anlass sein, die Kämpfe Roms gegen die Nachbarvölker und die allmähliche Eroberung Mittel- und Unteritaliens zu thematisieren. Vgl. dazu A. Müller (Hrsg.), *Die Welt der Römer*, Münster 1999, S. 267f.

S. 91

Im Übersetzungstest werden vor allem die unterschiedlichen Perfektbildungen wiederholt (Dehnungs-, v- und u-Perfekt), 1 ist eine Aufgabe zur Schulung kontextadäquater Wiedergabe der verschiedenen Bedeutungen von facere, während es sich bei Übung 2 vorwiegend um eine Wortschatzübung handelt.

6. Sequenz: Griechische Mythen (L 27–34)

Die Götter und Heldensagen der Griechen haben in der Tradition Europas die tiefsten Spuren hinterlassen. So deutlich sind die einzelnen Figuren gezeichnet, so beispielhaft sind die geschilderten Situationen. Die europäischen Literaturen und Künste haben immer wieder diese mythischen Motive aufgegriffen und aus den überlieferten Vorlagen immer Neues geschaffen.
In der folgenden Sequenz konnten neben einigen wirkmächtigen Einzelsagen um Apoll, Herkules, Europa und Eurydice die Sagenkreise um Odysseus und Theseus aufgenommen werden.
Bis heute hat man sich auch gedanklich mit dem griechischen Mythos immer wieder beschäftigt, hat über seinen Gehalt, seinen Wert und seine Bedeutung nachgedacht.
Als Einführung für die Hand des Lehrers könnte herangezogen werden C.-F. Geyer, *Mythos. Formen, Beispiele, Deutungen*, München 1996. Für die Hand des Schülers sind unter anderem folgende Sachbücher geeignet: G. Schwab, *Sagen des klassischen Altertums* (viele Neuauflagen). *Griechische Sagen*, nacherzählt von Richard Carstensen, Auguste Lechner, Walter Jens.

27 Ringen und singen – ein vielseitiger Gott

F 1 Substantive: u-Deklination (4. Deklination)
2 Verben: Futur II

S 1 Verwendung des Futur II
2 Ablativ als Adverbiale: Ablativ der Zeit

L Neben dem deutschen Vorspanntext sollte vor L die Sachinformation zu den Musen (I) gelesen werden, um die Schüler auf die Wissenshöhe des Textes zu bringen. Themenbereiche, die in L nur kurz angedeutet werden, können in Schülerreferaten bzw. durch Lehrervortrag ausführlicher dargestellt werden. Folgende Aspekte sind denkbar:

1. Gründungssage von Delphi
2. Wesen des delphischen Orakels
3. Das Heiligtum von Delphi – Lage und Bauwerke
4. Hermes und die Erfindung der Lyra

Die Grammatikeinführung kann anhand der Z. 1–7 geleistet werden: Der Ablativ der Zeit steht mit der Wendung antiquis temporibus prägnant am Anfang des Textes und kann vom Lehrer in seiner Eigenart thematisiert und vom Akkusativ der zeitlichen Ausdehnung abgegrenzt werden. Grafisch könnte der Lehrer den Ablativ der Zeit auf die Frage „Wo?" mit einem Punkt an der Tafel (als Zeitpunkt) verdeutlichen, und kontrastiv den Akkusativ der zeitlichen Ausdehnung auf die Frage „Wie lange?" mit einem Zeitstrahl charakterisieren. (Vgl. auch Ü3). In Z. 5 kommt mit initio der nächste Ablativus temporis vor. Eine Sammlung von Substantiven mit der neuen u-Endung bei cursu (Z. 2), vultu (Z. 5), spiritu (Z. 6) und impetu (Z. 7) leitet zur Neudurchnahme der u-Deklination über. Der Lehrer sollte das vollständige Kasusparadigma an der Tafel festhalten und auf die Ausnahme des Femininums manus aufmerksam machen, das in L. Z. 4 repräsentiert ist. Beide neuen Grammatikerscheinungen können auch über Ü1 eingeführt werden (vgl. dort).
Das Futur II kann über Z. 10f. eingeführt werden, wobei sich der Schüler dabei der Vorzeitigkeit des Futur II im Gliedsatz bewusst werden sollte. Alternativ kann aber auch Ü6 zur Neueinführung herangezogen werden. Der Abschnitt Z. 14–20 eignet sich als schriftliche Hausaufgabe; es sollte aber die für Schüler erfahrungsgemäß nicht ganz einfache Übersetzung des Relativsatzes Z. 15 (cuius usu, „durch deren Gebrauch") vorbesprochen werden.

Abbildung S. 94

Die Abbildung zeigt den berühmten Apoll vom Belvedere. Es handelt sich dabei um eine römische Marmorkopie, wohl nach einem Bronzeoriginal des attischen Plastikers Leochares um 340 v. Chr. Der Gott wird als voranschreitender Bogenschütze dargestellt, in der linken Hand muss ein Bogen ergänzt werden. Er ist als Zürnender gedacht, wie ihn Homers *Ilias* 1,44ff. beschreibt:

„Von des Olympos Gipfeln eilte er grollend im
Herzen,
an den Schultern den Bogen und rings
verschlossenen Köcher,
und bei jedem Schritt erklangen drinnen die Pfeile
an des Grollenden Schultern ..."

Johann Joachim Winckelmann (1717–1768, Begründer der Klassischen Archäologie und neuen Kunstwissenschaft) pries dies Kunstwerk als „das höchste Ideal der Kunst unter allen Werken des Altertums".

1 dient der Verständnissicherung von L. Apollon tritt zum einen als gewalttätiger Kulturheros (Z. 1-13), zum anderen als feinsinniger Schutzherr der Künste auf (Z. 14-20). Aufgabenstellung b) motiviert die Schüler zu eigenen Recherchen und ist geeignet, das ambivalente Erscheinungsbild der Gottheit Apollon abzurunden (etwa über die Apollon - Daphne bzw. die Marsyas-Episode).

2 eignet sich als transphrastische Übung zur Vorerschließung des Textes.

Ü

1 Die Sätze 1 und 4 führen in die u-Deklination ein; das gesamte Paradigma der Endungen kann über FELIX Begleitband, S. 83, 27 F erschlossen und etwa anhand von Ü2 mit den gleichen Substantiven wie in Ü1 (vultus, manus) eingeübt werden. Die Sätze 2 und 3 thematisieren den Ablativ der Zeit (vgl. dazu FELIX Begleitband S. 83, 27 S2).

2 kann – wie in Ü1 beschrieben – vor L bearbeitet werden. Dabei sollte manus als feminine Ausnahme der u-Deklination herausgestellt und der Kontrast zur o-Deklination deutlich werden.

3 kontrastiert bewusst den Akkusativ der zeitlichen Ausdehnung mit dem neuen Phänomen des Ablativs der Zeit.

4 schult die Sicherheit im Umgang mit den neuen Endungen der u-Deklination.

5 hält die Schüler zu genauem Hinsehen und Unterscheiden lateinischer Formen an.

6 dient der Neudurchnahme oder Einübung des Futur II.

7 Vgl. dazu 16 Ü6 bzw. 25 Ü7.

8 wiederholt die verschiedenen Sinnrichtungen der Gliedsätze durch eine Zuordnungsübung aktiv (phasenverschobene Umwälzung).

9 dient dazu, einmal mehr das Fortleben lateinischer Wörter in den modernen europäischen Fremdsprachen aufzuzeigen, hier am Beispiel des Englischen.

Infotext S. 94

Warum sollte man zu I den Schülern nicht die alte Eselsbrücke für das Behalten der Musennamen beigeben?
Klio-Me-Ter-Thal / Eu-Er / Ur-Po-Kal.
Die Anfangsbuchstaben stehen für Klio (Geschichtsschreibung), Melpomene (Tragödie), Terpsichore (Tanz, Chorlieder), Thalia (Komödie), Euterpe (Flötenspiel), Erato (Gesang, Tanz, Liebe), Urania (Lehrdichtung, Astrologie), Polyhymnia (Hymnische Dichtung), Kalliope (Epos).

Abbildung S. 95 oben

Der sehr junge Gott Apollon sitzt auf einem Klappstuhl, die Schildkrötenleier im Schoß, und spendet aus einer Phiale roten Wein. Damit reinigt er sich rituell nach der Tötung des Python. Ihm gegenüber sitzt sein heiliger Vogel, der Rabe. Bei der Trinkschale, die mit dieser Apollon-Darstellung verziert ist, dürfte es sich um das Auftragswerk vermutlich eines delphischen Priesters handeln.

Sentenz S. 95

Das Anno Domini am Rande ist in dieser Lektion gut als Merkbeleg für den Ablativ der Zeit einzusetzen. Hier kann an den Erfahrungshorizont der Schüler unmittelbar angeknüpft werden: Oft tragen ältere Häuser die Initialen A. D.

28 Herkules als Gebäudereiniger

F 1 Substantive: e-Deklination (5. Deklination)
2 Verben: Plusquamperfekt (3. Vergangenheit)

S Verwendung des Plusquamperfekts

L thematisiert fünf der zwölf Taten des Herkules: Die erste Hälfte (Z. 1–8) beschreibt in raffendem Stil die ersten vier Arbeiten (Der Löwe von Nemea, die Hydra, kerynitische Hirschkuh, erymanthischer Eber). Die erste und zweite Tat können an den Illustrationen S. 97 veranschaulicht werden.

Der zweite Teil (Z. 9–19) befasst sich ausführlich mit der Episode der Ausmistung des Augiasstalles, wobei Herkules als geistig beweglicher Held vorgestellt wird (vgl. 1b). Reizvoll könnte sein, die offenkundig anders geartete Vorstellung des Bildhauers auf der Illustration S. 96 mit dem im Text beschriebenen Verhalten des Herkules zu kontrastieren: Während der Herkules des Reliefs vom Zeustempel in Olympia selbst Hand bei der Ausmistung anzulegen scheint, wie seine ausholende Armbewegung andeutet, lässt der Herkules in L, Z. 14ff. den Fluss für sich arbeiten. Für die

Grammatikeinführung empfiehlt sich zur Vorentlastung Ü1 (vgl. dort).

1 a) Schlüssel des Verständnisses könnte der Zusatz rem difficilem et indignam (Z. 9) sein. Eurystheus wollte Herkules erniedrigen. Ein leicht sadistischer Zug wird auch aus Z. 12f. deutlich.

b) L zeigt Herkules nicht klischeehaft als Präfiguration eines Bodybuilders (wie etwa Kaiser Commodus ihn sah), sondern auch mit Köpfchen ausgestattet.

2 Über die fünf in L genannten Taten des Herkules hinaus sollten die Schüler den Kanon der zwölf Arbeiten des Herkules kennen lernen. Die kreative Aufgabe fördert den Teamgeist und ergänzt den Klassenzimmerschmuck von 25/2.

Ü **1** Bis auf Satz 1 werden die Kasusendungen der e-Deklination am Beispiel von res eingeführt (Sätze 2-6). Die fehlenden Formen des Genitiv und Dativ Sg. können über FELIX Begleitband, S. 86, 28 F1) vollständig erschlossen werden. Der Dativ Pl. lässt sich leicht analog zum Ablativ Pl. von Satz 5 ergänzen.
Das Plusquamperfekt wird über Satz 4 eingeführt: Deutlich werden sollte den Schülern die Vorzeitigkeit des Relativsatzes zum Hauptsatz. Vertieft und weiter eingeübt werden kann dies anhand von Ü3.

2 Diese analytische Übung sensibilisiert die Schüler für scheinbar gleichlautende Wortendungen, die je nach Wortendung verschiedene Funktionen besitzen.

4 eignet sich zur Einübung nach der Neudurchnahme der e-Deklination, zum Zweck der Übung für den Schüler und zur Diagnose dessen, was er noch nicht verstanden hat.

5 Vgl. dazu 16 Ü6, 25 Ü7, 27 Ü7.

6 Beim Wort „Reliefpfeiler" handelt es sich um ein Palindrom, also ein Wort, das vor- wie rückwärts gelesen gleich lautet. Das Beispiel Amor–Roma und die anderen Wörter dagegen sind Anagramme, die rückwärts gelesen eine neue Bedeutung ergeben.

Sentenz S. 96

Die Sentenz Felix, qui potuit rerum cognoscere causas stammt aus Vergil *georg.* 2,490 und ist eine Reminiszenz an den geschätzten römischen Vorläufer der Lehrdichtung, Lukrez, dem hier in hymnischem Ton Einsicht in die Geheimnisse der Welt attestiert wird. Warum sollten die Schüler diesen Satz nicht auf sich beziehen dürfen, zumal der sie begleitende Reiseführer FELIX im ersten Wort der Sentenz aufscheint?

Abbildungen S. 97

Die Vasenbilder zeigen von oben nach unten: Herkules im Kampf mit der hundertköpfigen Hydra. Herkules zerrt den dreiköpfigen Höllenhund Zerberus ans Licht. Herkules ringt den Nemeischen Löwen nieder. In beiden erstgenannten Bildern trägt Herkules bereits das Löwenfell (Leontis), das er sich in der ersten Tat verdiente. Auf dem Mittelbild ist als sein zweites typisches Attribut die Keule zu sehen.

29 Europa wird entführt

F **Verben: Passiv (Präsens)**

S **Verwendung des Passivs**

L thematisiert die Entführung der Europa durch den in einen Stier verwandelten Göttervater Zeus. Der Text gliedert sich in zwei Sinnabschnitte: Die Klagen der Europa während des Kidnapping, auf die der Stier in keinerlei Weise reagiert (Z. 1–14), und die Ankunft auf dem Festland mit der Rückverwandlung in den Gott und seiner Prophetie, dass Europa einem Erdteil ihren Namen geben wird. Über das gesamte Lesestück hin sind alle Endungen des neuen Grammatikstoffs Passiv repräsentiert, ebenso alle Konjugationsklassen. Vor der Übersetzung könnte als vorentlastende Aufgabe das Heraussuchen, genaue Bestimmen und Übersetzen der Passivformen stehen. Besonderes Augenmerk verdient der Nebensatz Z. 10f. cum taurus corpus in undas demittit. Der Lehrer sollte an die mögliche Übersetzung als iteratives cum aufmerksam machen und anhand der aufeinanderfolgenden Substantive mit den scheinbar gleichen Endungen den Unterschied zwischen o-Deklination Maskulinum Nominativ Sg. und 3. Deklination Neutrum Akkusativ Sg. verdeutlichen bzw. per Tafelanschrieb in Erinnerung rufen.
Zur grammatischen Einführung empfiehlt sich die Durchnahme von Ü1 bzw. Ü2 (vgl. dort).

1 Schwerpunktmäßig finden sich Frage- und Ausrufesätze in der Rede der Europa und machen ihre Angst, Erregtheit und Ungewissheit auch auf syntaktischer Ebene augenfällig. Die Aussagesätze dagegen sind für die ruhige, überlegene Rede des Zeus reserviert. Einzig als Aufmerksamkeitssignal bedient er sich eines Ausrufesatzes (Z. 17)

Ü

1 greift bewusst den aus Lektion 28 bekannten Stoff von Apoll und der Python auf, um das Augenmerk der Schüler auf die neue Grammatik zu fokussieren. Die Sätze 1–5 verfahren so, dass die Satzinhalte zunächst im Aktiv präsentiert werden, so dass die stets sich anschließende Variation des Inhalts im Passiv von den Schülern leicht erschlossen werden kann. Satz 2 und 3 präsentieren das Passiv in der a-, e- und konsonantischen Konjugation, in Satz 4 wird der Infinitiv Passiv thematisiert, bis in Satz 5 und 6 die Endungen der 2. Pers. Sg. und 1. Pers. Pl. auftreten. Der Lehrer kann die fehlenden Konjugationen (i- und konsonantische Konjugation mit i-Erweiterung) sowie die noch ausstehenden Personalendungen an der Tafel vervollständigen oder im Begleitband S. 88 vorstellen.

2 empfiehlt sich als Einstieg in die grammatische Neudurchnahme – und zwar, indem der Lehrer zunächst die deutschen Verben voneinander unterscheiden lässt. Erfahrungsgemäß halten viele Schüler etwa die Passivform „Wir werden gerettet" für ein Futur. Ist diese propädeutische Klärung des Passivs für das Deutsche erfolgt, kann der Lehrer etwa mit Ü1 fortfahren, um nach vollständiger Durchnahme des passiven Personenparadigmas die lateinische Übersetzung dieser Übung als Hausaufgabe aufzugeben.

3 dient als Systematisierungsaufgabe dazu, den Schülern das Paradigma der passiven Personalendungen bewusst zu machen – gut geeignet etwa als schriftliche Hausaufgabe.

4 Die Übung sensibilisiert die Schüler für die Beachtung der Verbvalenz bei passivischen Prädikaten – eine gute Vorschule für die Transformationsübung im Anschluss.

5 verlangt die aktive Beherrschung der passiven Personalendungen und darüber hinaus Bewusstsein für die syntaktische Umstellung, die die Verwendung des Passivs nach sich zieht.

6 ist ein kleiner abgeschlossener Text, der sich vom Umfang und Schwierigkeitsgrad besonders für eine schriftliche Hausaufgabe eignet.

Sentenz S. 101

Die Sentenz Tempora mutantur et nos mutamur in illis geht auf ein mittelalterliches Vorbild zurück, dessen Quelle nicht bekannt ist. Erst durch den englischen Epigrammatiker John Owen (1564–1622) wurde die Sentenz als Hexameter bekannt: Tempora mutantur, nos et mutamur in illis.

Abbildungen S. 100

Die obere Abbildung ist ein Ausschnitt aus einem pompejanischen Wandgemälde des 1. Jhs. n. Chr., das Europa mit drei Begleiterinnen und dem Stier zeigt. Eingefangen ist der Moment kurz vor der Entführung der Königstochter.
Von der Antike bis in die Gegenwart ist der Raub der Europa ein beliebtes Motiv der bildenden Kunst. Die apulische Schale aus dem 4. Jh. v. Chr. zeigt das feine, durchsichtige Gewand der Europa, wodurch auch die erotische Komponente der Sage aussagekräftig ins Bild gesetzt wird – es sollte als kongeniale Illustration zu L, Z. 10f. herangezogen werden.

30 Im Labyrinth des Todes

F Verben: Passiv (Imperfekt, Futur I)

L

zerfällt in zwei Teile mit zwei verschiedenen Handlungsorten: In Athen (Z. 1–12) gibt sich Theseus siegesgewiss und zuversichtlich, dass er den Minotaurus bezwingen werde – die Athener bestärken ihn, indem sie an seine Heldentaten gegen Bösewichte und wilde Tiere erinnern. (Z. 3–5) Hierzu könnte die abgebildete Schale mit den Heldentaten des Theseus einbezogen werden (vgl. Bildkommentar unten). Einzig Vater Ägeus hat Zweifel und sucht den Sohn mit Ermahnungen von diesem Abenteuer abzuhalten (Z. 7f.). Die Z. 13–22 spielen auf Kreta: Zunächst entmutigt König Minos den Theseus (Z. 13–16). Die Königstochter Ariadne indes ermutigt den Helden und übergibt ihm das Wollknäuel, das ihn aus dem Labyrinth führen soll. (Z. 17–19). Der letzte Abschnitt zeigt den Sieg des Theseus über den Minotaurus (Z. 20–22). In die neue Grammatik kann anhand der Z. 1–5 eingeführt werden, da sie ausschließlich das Imperfekt Passiv thematisieren. Anhand des Beispiels von lauda-ba-tur (Z. 3) etwa sollte den Schülern an der Tafel das Baukastensystem der Tempusbildung (Wortstamm – Tempuszeichen – Endung) und seine Übertragbarkeit auf die anderen Konjugationen vorgeführt werden. Die Z. 6–12 beinhalten ausschließlich passive Futurformen der a- und e-Konjugation, sodass hier in das b-Futur im Passiv eingeführt werden kann, bevor es in Z. 14 (occideris) um das e-Futur erweitert wird. Die Grammatik kann also sukzessive über L erschlossen werden (oder anhand von Ü1).

1 Die Aufgabe dient der inhaltlichen Nachbereitung von L. Das Wissen um Theseus kann durch ein Kurzreferat eines Schülers oder Lehrerinput etwa anhand der Bildinterpretation der griechischen Schale geschehen. (vgl. Anmerkungen dazu unten)

Ü **1** verfährt so, dass zunächst durch die Aktivform an die Bildungsweise des jeweiligen Tempus erinnert wird – im Satz 1 an das Tempuszeichen ba für das Imperfekt, in Satz 2 und 3 an das b-Futur, in Satz 4 an das e-Futur. Der Lehrer sollte an der Tafel die Aktiv- und Passivformen parallelisieren (desiderabat – desiderabatur), um auf die einzige Veränderung, nämlich die Personalendung hinzuweisen. Mit diesem Wissen, von der Tempusform des Aktivs auszugehen, kann der Schüler alle Formen in allen Konjugationen analog bilden.

2 eignet sich zur aktiven Einübung der neuen Tempuszeichen und Passivendungen im Anschluss an die Erarbeitung des Grammatikstoffes.

3 Diese Übung bedient verschiedene Übungsstufen: Sie kann phasenwesie bearbeitet werden, indem der Lehrer zunächst die gefragten Verbformen isoliert bilden und erst dann die Sätze als Sinneinheiten übersetzen lässt.

4 Diese Übung verlangt über die Erläuterung und Ableitung der Fremdwörter hinaus auch deren kreative Einbindung in einen selbstgebildeten deutschen Satz. Diese komplexe Aufgabe zeigt der Lehrkraft, ob die Schüler diese Fremdworte situationsadäquat anzuwenden wissen.

Sentenz S. 103

Diese Sentenz stammt aus dem zweiten Buch der Oden des Horaz (2, 16, 13) und bildet den Beginn der 4. Strophe:

Vivitur parvo bene, cui paternum
splendet in mensa tenui salinum
Nec levis somnos timor aut cupido
Sordidus aufert.

„Glücklich lebt mit wenigem, wem auf schlichtem/Tische blinkt das vatererbte Salzfass/wem der Schlaf, den leichten, nicht Angst verscheucht/noch schmutzige Habgier." (Übersetzung Wilhelm Schöne)

Abbildung S. 102

Die griechische Schale aus dem 5. Jh. v. Chr. zeigt die Taten des Theseus. Das Mittelbild zeigt Theseus, wie er den erschlagenen Minotaurus aus dem Labyrinth zieht. Umlaufend sind weitere Taten des Theseus dargestellt: Unterhalb des Minotaurus sieht man, wie Theseus mit einer großen Schale den Schurken Skiron zu erschlagen sich anschickt. Unter ihm sieht man die Menschen fressende Schildkröte, die auf die von Skiron ins Meer gestürzten Wanderer wartet. Es schließt sich an die Bezwingung des Stiers von Marathon, dann die Bestrafung des Sinis, der arglose Wanderer an zwei Bäume band, diese losließ und die Opfer so in Stücke zerriss – Theseus verfährt mit Sinis genauso, wie das Band in seiner Hand zeigt, mit dem er Sinis an eine Fichte bindet. Es folgt sein Sieg über Phaia, eine graue, alles verwüstende Sau, im Anschluss ist der Ringkampf des Theseus mit König Kerkyon abgebildet: Kerkyon zwang jeden Gast, mit ihm auf Leben und Tod zu ringen. Das letzte Bild zeigt die Tötung des Prokrustes durch Theseus. Prokrustes stirbt sinnigerweise auf dem Bett, auf dem er seine Opfer entweder streckte, um sie der Länge anzupassen, oder ihnen, wenn sie zu groß waren, die Gliedmaßen abschnitt.

Abbildung S. 103

Die Illustration zeigt eines von vier Truhenbildern aus dem 16. Jh., das den Sieg des Theseus über den Minotaurus in seinen verschiedenen Phasen zum Thema hat – dabei sollte der Lehrer die Schüler darauf hinweisen, dass die Darstellung der Personen, Gegenstände und Gebäude die Eigenheiten des 16. Jhs. widerspiegeln. Links sieht man Theseus in Rittermontur im Gespräch mit den Königstöchtern Ariadne und Phaidra, nachdem er mit seinem Schiff, das hinter ihm zu sehen ist, auf Kreta gelandet ist. In der Bildmitte geht er entschlossen auf das Labyrinth zu, wo er den Minotaurus zur Strecke bringen will – warum, sieht man hinter dem kreisförmigen Labyrinth: Dort sieht man links Opfer des Minotaurus am Boden liegen und rechts das Ungeheuer mit anderen Menschen kämpfen. Theseus Sieg über den Minotaurus sieht man inmitten des Labyrinths rechts. Vor dem Bau warten Ariadne und Phaidra auf den Ausgang des Geschehens, bevor sie mit ihm Richtung Strand gehen und ihn zu seinem Schiff begleiten. Man sieht es rechts oben Kreta verlassen; das versehentlich von Theseus gehisste schwarze Segel wird der Grund sein, dass sich sein Vater Aigeus bei der Ankunft in Athen ins Meer stürzt, weil die Segelfarbe schon von weitem den Ausgang des Minotaurusabenteuers symbolisieren sollte.

31 Der Traum vom Fliegen

F Verben: Passiv (Perfekt, Plusquamperfekt, Futur II)

S Verwendung des Passivs (Perfekt, Plusquamperfekt)

L erzählt die aus Ovids Metamorphosen bekannte Sage von der Flucht des Dädalus und Ikarus in drei Etappen: Plan zur Flucht, Bau der Flügel und Training (Z. 1–13), der Moment der Flucht (Z. 14–18a), Tod des Ikarus (Z. 18b–20). Große Teile des Textes sind als Dialog zwischen Vater und Sohn konzipiert - zwei Motivationsmomente für die neue Technik des Fluges lassen sich herausarbeiten: Das Überwinden der Situation als Gefangene ist primärer Grund (Z. 1/9/14), aber auch das Streben nach Ruhm für eine solche Pioniertat (Z. 10–12). Damit ist das Gewicht von der üblicherweise moralisierenden Deutung, den Mittelweg zu beherzigen, auf den technisch-innovativen Aspekt der Sage verschoben. Mit Ausnahme von superata est (Z. 10) sind alle Passivformen von Verben gebildet, bei denen das PPP eine lautliche Veränderung in Stamm oder Fugenstelle aufweist. Insofern bietet sich hier an, entweder alle neuen Formen vorab herausschreiben zu lassen und zu erklären, oder in die neue Grammatik über Ü1 bzw. Ü2 einzuführen. (vgl. dort)

Ü **1** Bewusst minimalistisch wird der neue Stoff präsentiert. Der bekannte Inhalt und die beiden exemplarisch ausgewählten Verben (necare und conservare) sollen die Konzentration auf die noch unbekannten Formen erleichtern. Ab dem 1. Satz lernt der Schüler das PPP als grammatisches Phänomen und im Verlauf der drei Folgesätze auch dessen häufigste Einsatzbereiche kennen: das Perfekt Passiv, das Plusquamperfekt Passiv und den Infinitiv Perfekt Passiv. Die übrigen Formen des Paradigmas könnten am Beispiel necare an der Tafel erarbeitet werden, die unregelmäßigen anhand des Begleitbandes, S. 93, Fa eingeführt werden.

2 bietet sich als erster Einstieg in die neue Lektion an, da das neue Phänomen des Perfekt Passiv zunächst im Deutschen vorgestellt und damit muttersprachlich verständlich gemacht wird.

3 schärft das Bewusstsein der Schüler für die Kongruenz der aus dem PPP und der Form von esse zusammengesetzten Verbform; würfelt er etwa laudati est, muss er erkennen, dass diese Form nicht richtig sein kann – für den Lehrer sind die Lösungen der Schüler zugleich ein wichtiges Diagnoseinstrument, ob diese den Stoff verstanden haben.

4 Diese Übung sollte erst behandelt werden, wenn der Inhalt (Dädalus und Ikarus) etwa aus L bereits bekannt ist. Dann eignet sie sich gut als schriftliche Hausaufgabe.

5 Diese Übung eignet sich als schriftliche Hausaufgabe schon nach der Erstdurchnahme, weil der Plot aus der Vorgängerlektion bekannt ist.

6 Diese Übung trainiert das Übersetzen in elegantes Deutsch. Es sollte deutlich werden, dass die Wendung afficere mit Ablativ, „versehen mit etwas", nur eine Hilfsübersetzung darstellen kann. Der Lehrer sollte dies beispielhaft an Satz a vorführen, damit die Schüler wissen, wie sie in b und c verfahren sollen.

7 ist eine resümierende Übung, die alle gelernten Zeiten im Passiv abfragt.

Abbildungen S. 104

Das Gemälde stammt von Frederic Leighton (1830–1896), einem Maler des sog. Akademismus, eines Kunststils, der auf strenge Einhaltung der formalen technischen und ästhetischen Regeln der Kunstakademien pochte. Das Bild zeigt die Situation, in der Vater Dädalus seinem Sohn Ikarus kurz vor dem Abflug wichtige Ratschläge erteilt. Auffällig ist die unterschiedliche Farbgebung der Haut: Der Vater in dunklem Ton, der junge Mann in strahlendem Weiß wie eine Statue. Auch die Körperhaltung verrät viel: Der alte Mann alters- und sorgengebeugt, der Jüngling dagegen voller Kraft und Tatendrang, den Blick bereits auf das Meer gerichtet. Zu beachten ist auch der Kontrast zwischen den schneeweißen Flügeln des Ikarus und dem schwarz im Winde flatternden Umhang des Dädalus, der sie umspielt – symbolischer Verweis auf den tragischen Tod des Jünglings. Auch die im Hintergrund stehende abgewandte Bronzestatue einer weiblichen Göttin, wahrscheinlich Minerva, könnte Verweis auf das traurige Ende des Ikarus sein.

Das römische Relief zeigt von links nach rechts die einzelnen Phasen der Fluchtgeschichte des Ikarus. Links fertigt Ikarus einen Flügel an, unterstützt wohl von einer weiblichen Gottheit, die ihm im nächsten Abschnitt die Flügel anpasst. Das nächste Bild zeigt Ikarus mit ausgebreiteten Schwingen, daneben ein junger Mann, der möglicherweise eine Fackel nach unten hält (Verweis auf den Tod des Ikarus?). Rechts ist der Sturz des Ikarus zu sehen.

Abbildung S. 105

Die sog. Montgolfiere, der erste Heißluftballon der Geschichte, war benannt nach seinen Erfindern Joseph Michel und Jacques Etienne Montgolfier. Am 19. September 1783 startete er von Schloss Versailles aus und hatte drei Passagiere an Bord: einen Hammel, einen Hahn und eine Ente. Der Flug soll zwölf Minuten gedauert haben und ließ erahnen, dass der Menschheitstraum vom Fliegen Realität werden könnte.

32 In der Höhle des einäugigen Riesen

F Verben mit unregelmäßiger Perfektbildung: Zusammenfassung (Stammformen)

L erzählt den ersten Teil einer Episode aus den Irrfahrten des Odysseus, die in 33 L ihre Fortsetzung und Abschluss zugleich erfahren wird. Odysseus und seine Gefährten begegnen dem einäugigen Kyklopen Polyphem und werden in seiner Höhle gefangengehalten. (Homer, *Odyssee* 9, 216ff.) Fast nach Art einer klassischen Tragödie lassen sich fünf Akte bzw. inhaltliche Abschnitte unterscheiden: Betreten der Höhle (Z. 1–5a), Auftreten Polyphems (Z. 5b–8), Tod zweier Begleiter (Z. 9–13a), erster gescheiterter Fluchtversuch (Z. 13b–18a), neuer Mut (18b–20). Nach Beendigung des ersten Abschnitts (Z. 1–8) bietet sich ein Rekurs auf die nebenstehende Abbildung bzw. I an. Zwölf Verben mit unregelmäßiger Perfektbildung repräsentieren in L die Grammatik des Kapitels; mehr als die Hälfte davon sind als Passivformen realisiert und rufen das in Lektion 31 gelernte Wissen ab.

1 Die Beantwortung dieser Aufgabe führt den Schülern die gewaltige körperliche Überlegenheit des Polyphem deutlich vor Augen.

2 Diese handlungsorientierte Aufgabe eignet sich als Hausaufgabe oder als Partner- bzw. Gruppenarbeit im Unterricht. Vielleicht lässt sich auch im kleinen Rahmen ein fächerübergreifendes Projekt mit dem Kunstunterricht realisieren.

Ü

1 Bewusst wird auf vertraute inhaltliche Thematik zurückgegriffen, um das Augenmerk der Schüler auf die Verbformen mit unregelmäßiger Perfektbildung zu lenken. Neu sind lediglich die Partizipformen der Sätze 2 und 4 (motae sunt, perterritus est), die in diesem Kapitel gelernt werden. Sie stehen exemplarisch für alle bisher gelernten Verben mit unregelmäßiger Perfektbildung, die im Begleitband auf S. 96 in tabellarischer Übersicht aufgelistet und zu lernen sind.

2 übt an vier Verben unterschiedlicher Konjugationsklassen (i-, konsonantisch mit i-Erweiterung, e- und a-) im Aktiv unterschiedliche Formen der Perfektbildung (v-, s-, u-Perfekt), im Passiv betreibt es eine Wiederholung des Grammatikstoffes des vorigen Kapitels.

3 macht den Schülern die Wichtigkeit der vollständigen Stammformenkenntnis bewusst: Ohne sie können Formen nicht auf ihre Grundform zurückgeführt und erkannt werden.

4 Drei Spielbretter bieten in Majuskeln drei kurze Sätze an (A–C), die jeweils eine Verbform aus dem neuen Wortschatz enthalten. Da die Satzzeichen fehlen, müssen die Schüler die Wortgrenzen bestimmen und erhalten einen Eindruck von der in der Antike üblichen scriptio continua.

5 bietet sich zur aktiven Einübung unregelmäßiger Verben an. Diese Übung ist als schriftliche Hausaufgabe geeignet, wenn der Inhalt von L bekannt ist.

6 Bei dieser Übung sollten die Schüler die Formen genau bestimmen und dann ggf. auch übersetzen. Sie schärft das Bewusstsein für die Wichtigkeit von Tempuszeichen und Stammformenkenntnis.

7 Dieser komisch wirkende Text aus der Perspektive eines Seemannsgarn spinnenden Gefährten des Odysseus ist gut als schriftliche Hausaufgabe geeignet – er wiederholt im Sinne phasenverschobener Umwälzung v.a. das Perfekt Passiv.

Abbildung S. 106

Bei dem Kopf des Polyphem handelt es sich um die römische Kopie nach einem hellenistischen Original (Boston, Museum of Fine Arts). Der eindrucksvolle Kopf mit mächtigem Vollbart zeigt ein in Höhe der Nasenwurzel liegendes Zentralauge, das nicht größer als ein normales menschliches Auge ist. Bemerkenswert ist, dass die Form des Schädels mit zwei Augenhöhlen und Brauenbögen dem gewohnten menschlichen Erscheinungsbild entspricht.

33 Die List des Odysseus

F Verwendung des Partizip Perfekt Passiv

L stellt die zweite Hälfte der in L 32 begonnenen Erzählung dar. In ihr wird die listenreiche Befreiung des Odysseus und seiner Gefährten aus der Höhle in vier Abschnitten thematisiert: Odysseus macht seinen Gefährten Mut (Z. 1–5), unterhält sich im Anschluss mit Polyphem, wobei er sich „Niemand" nennt (Z. 6–10a), Odysseus reicht dem Zyklopen Wein. Im Schlaf stoßen die Griechen dem Riesen das Auge aus (Z. 10b–15), die Hilferufe des geblendeten Zyklopen bleiben unerwidert. (Z. 16–21) Einzelne Details von L werden durch die Abbildungen gut illustriert: Weinreichung (Z. 11f.), Blendung (Z. 14f.), Flucht (deutscher Text am Schluss). Das neu eingeführte Participium coniunctum ist so in den Text integriert, dass fast an allen Stellen seines Vorkommens jede der im Grammatikteil (Begleitband S. 98) diskutierten Übersetzungsmöglichkeiten anwendbar ist. Diese sollten – ähnlich wie in Ü3 – detailliert erläutert werden, um den Schüler für die jeweilige kontextadäquate Variante zu sensibilisieren. Die Einführung in die neue Grammatik kann anhand von L geschehen, etwa wenn man die unterschiedliche Funktion des Plusquamperfekt Passiv in Z. 1 (clausi erant) gegen die Partizipform clausis (Z. 2) abhebt. Systematischer ist der Zugang über Ü1 (vgl. dort).

1 Diese Aufgabe dient der Verständnissicherung des Textes.

2 Die Lösung lässt sich anhand von L, Z. 12–15 erarbeiten.

3 Erfahrungsgemäß kennen Schüler dieses Alters weitere Episoden der Odyssee, etwa aus Auguste Lechners Jugendbuchfassung oder aus diversen Hörspielen. Das Verfassen lateinischer Sätze ist eine kreative Aufgabe, die dem aktiven Umgang mit Latein dient.

Ü **1** Wieder geht diese Übung bewusst von einem den Schülern bekannten Stoff aus, der Tötung zweier Gefährten des Odysseus durch Polyphem. Satz 1 beginnt mit dem Passiv Perfekt von corripere, das in Satz 2 im Partizip aufgegriffen wird. Hier kann der Lehrer den Unterschied zwischen dem Perfekt Passiv und dem Partizip deutlich machen und das Partizip in seiner Rolle als Mittelwort zwischen Adjektiv und Verb erklären sowie verschiedene Übersetzungsmöglichkeiten des Partizips durchspielen lassen. Satz 2 lässt nämlich alle Übersetzungsvarianten und die Demonstration der Vorzeitigkeit zu, Satz 3 zeigt die Erweiterung der Partizipform, Satz 4 ermöglicht den Transfer des Gelernten.

2 schult die Formensicherheit und verknüpft in dieser Funktion alte und neue Grammatik, wiederholt (PPP-Bildung) und bereitet vor (Verwendungs- und Übersetzungsmöglichkeit des PPP). Die Übung kann daher gut auch als Einstieg in das neue Grammatikphänomen dienen. Die gemeinsame Erarbeitung der Zettelkombinationen zeigt die Verwendungsmöglichkeiten des Partizips: Es ist nicht nur Bestandteil der Tempusform, sondern kann als Attribut zu einem Nomen gehören oder als Adverbiale aufgefasst werden. Ausgewählte Sätze (z. B. Graeci servati sunt. Graeci servati gaudent.) demonstrieren diesen Sachverhalt an der Tafel.

3 eignet sich als schriftliche Hausaufgabe zum Einüben der neuen Grammatik. Trainiert werden hier v. a. die Übersetzungsmöglichkeiten der Partizipien.

4 Diese handlungsorientierte Aufgabe übt die Bildungsweise des Participium coniunctum ein und schafft ein Bewusstsein für die geschlossene Wortstellung, die aktiv gebildet werden muss.

5 Diese Übung erinnert an das Phänomen des AcI und eignet sich als schriftliche Hausaufgabe.

Sentenz S. 109

Die Sentenz Numquam periculum sine periculo vincitur stammt von Publilius Syrus (Sententiae 89,383) und könnte durchaus auf die vorangegangenen mythologischen Episoden bezogen werden – etwa bei Theseus Auseinandersetzung mit dem Minotaurus sowie der Bezwingung Polyphems durch Odysseus.

Abbildungen S. 108/109

Die drei Abbildungen stellen drei beliebte Motive der antiken Kunst zum Odysseus-Sujet vor: Weinreichung, Flucht aus der Höhle und Blendung Polyphems.
Der Ausschnitt aus dem Vasenbild zeigt die Flucht des Odysseus aus der Höhle Polyphems. Nach Homer gelang diese, indem die Griechen sich an der Unterseite von Schafen festklammerten und so unbemerkt die Höhle verlassen konnten. Der erblindete Polyphem tastete am Eingang sitzend seine Schafe zwar ab, um fliehende Griechen abzufangen, kam aber nicht auf die Idee, dass sie sich sich unter den Schafen befinden könnten. Die Darstellung zeigt, wie Odysseus durch drei Riemen an einen Widder mit typisch gebogenem Gehörn gebunden ist und für den Fall der Entdeckung durch den Kyklopen das Schwert gezückt und einsatzbereit hält.

34 Überwindet die Liebe den Tod?

F Partizip Präsens Aktiv (PPA)

S Verwendung des Partizip Präsens Aktiv

L Die auch durch Ovid vermittelte tragische Geschichte vom thrakischen Sänger Orpheus und seiner Frau Eurydike beschließt den Reigen der mythologischen Erzählungen. Ihm, der mit seinem alles bezaubernden Gesang und Kitharaspiel sogar Tiere und Pflanzen bewegt, gelingt es, die Herrscher der Unterwelt so zu rühren, dass sie seine verstorbene Frau an die Erde entlassen. Doch als er sich gegen das Gebot der Götter auf dem Weg zur Oberwelt nach ihr umdreht, muss sie für immer ins Totenreich zurück. Das Drama entfaltet sich in fünf Szenen. Zunächst wird Orpheus als phantastischer Sänger vorgestellt (Z. 1–3), in den Z. 4–6 der Tod seiner Frau. Die Z. 7–12 thematisieren seinen Gang in die Unterwelt und den erfolgreichen Auftritt vor Pluto und Proserpina. Die Z. 13–17a schildern das Verbot der Götter, sich nach seiner Frau umzudrehen, bevor die Z. 17b–20 das katastrophale Ende des Unterweltsabenteuers referieren.
Das neue grammatische Phänomen lässt sich über die Lektüre von L erschließen – zurückgreifen kann man auf das Vorwissen der Schüler, was die Übersetzungsmöglichkeiten des PPP angeht. Die sich nach der 3. Deklination richtenden Kasusendungen des PPA sind im Text entfaltet, vervollständigt werden kann das Paradigma durch ein Tafelbild oder die Tabelle des Begleitbandes S. 100. Wie stets kann in die Grammatik auch über Ü1 eingeführt werden.

Ü **1** Die Analyse der neuen Partizipformen wird durch deren inhaltliche und sprachliche Kohärenz erleichtert (in Satz 1: Polyphemus <u>clamans</u>; in Satz 2: Polyphemi <u>clamantis</u>; in Satz 3: clamorem Polyphemi audientes <u>riserunt</u>; in Satz 4: <u>Ridentes</u> dixerunt) In Satz 3 und 5 sollte der Lehrer auf die geschlossene Wortstellung hinweisen, die im Begleitband auf S. 101 M nachgelesen werden kann.

2 Diese Aufgabe ermöglicht eine vergleichende Betrachtung beider Partizipialformen hinsichtlich ihrer Bildung und ihrer Verwendungsweise. Die jeweils vorgegebenen Wendungen, in jedem Fall bestehend aus Substantiv im Nominativ, Präpositionalobjekt und PPP, sollen so umgewandelt werden, dass aus dem Präpositionalobjekt eine Pers. im Nominativ wird, deren Handlung das PPP beschreibt.

3 trainiert den Umgang mit flektierten Partizipialformen und deren Positionierung im Satz. Voraussetzung ist die Kenntnis der neuen Grammatik, nicht jedoch die von L, da der Inhalt der Sätze auf die in den vorangegangenen Lektionen gelesenen Episoden Bezug nimmt. Die Übung eignet sich als Hausaufgabe oder auch als Stillarbeit im Unterricht, wobei die Übersetzungsvarianten der Partizipien in der Klasse diskutiert werden sollten.

4 sensibilisiert die Schüler für die Funktion des Partizips innerhalb eines Satzes. Sowohl sein attributiver als auch sein adverbialer Charakter werden durch die Vorgabe von umzuformenden Relativsätzen und Adverbialsätzen deutlich.

5 Eine Informationsquelle für die Zusammenstellung einer Wortfamilie können die rechten Spalten in den Kapitelwortschätzen sein, wo u.a. bereits gelernte Vokabeln als Merkhilfe für neue Wörter derselben Familie zu finden sind.

6 Als scherzhaftes Gegengewicht zum ernst-melancholischen Sujet des Lesestücks dient diese kleine Geschichte, die sich als schriftliche Hausaufgabe eignet, da sie das neue Phänomen des PPA weiter einzuüben hilft.

Abbildungen S. 110/111

Das Relief zeigt eine Dreiergruppe: Links den Götterboten Hermes, hier in der Funktion des Psychopompos, des Seelengeleiters, der die in der Mitte der Gruppe stehende Eurydike an der Hand nimmt und ins Reich der Schatten bringt. Rechts der seiner Frau in Liebe zugewandte thrakische Sänger Orpheus.

Der Künstler Gerhard Marcks hat 1948 einen Zyklus mit dem Titel „Orpheus. 10 Holzschnitte zu den Versen des Ovid" herausgegeben. Hier handelt es sich um das sechste Bild, das links Eurydike zeigt, die der Unterwelt anheimfällt, in der Mitte Orpheus, der sich verbotenerweise zu ihr umgedreht hat, und ganz in Schwarz mit Flöte Hermes als Seelengeleiter. Interessant ist der Umgang mit den Farbkontrasten: Hermes steht für den Tod (Schwarz), Orpheus für das Leben (Weiß), während Eurydike in einer Mischung aus Schwarz und Weiß dargestellt ist, Symbol für ihr Zwischendasein zwischen Leben und Tod.

Jean Cocteau war ein französischer Maler, Schriftsteller und Filmregisseur (1889–1963). Cocteau hat sich öfter mit der Sage von Orpheus und Eurydice auseinandergesetzt. Berühmt ist sein Film *Orphee* aus dem Jahre 1949. In der Grafik des Titelbildes hat er in wenigen Strichen in stilisierter Form die Orpheusgestalt mit den Attributen der (gelben) Lyra und eines grün angedeuteten Lorbeerkranzes skizziert.

W6 Lesen und Üben mit FELIX

S. 112

Der Text greift das Thema des Fliegens noch einmal auf und zeigt seine Aktualität bis in die heutige Zeit. Er präsentiert die in dieser Sequenz vorwiegend gelernte Grammatik und bringt Beispiele dafür, wie die Menschen den Traum vom Fliegen realisieren. Die Syntax ist bewusst einfach gehalten, damit der Leseerfolg der Schüler garantiert ist, das Erschließen unbekannter Wörter soll das Bewusstsein der Schüler für das Fortleben des Lateinischen in Fremd- und Lehnwörtern bzw. in anderen Fremdsprachen schärfen.

Abbildungen S. 112

Nach jahrelangen Versuchen gelang es Orville Wright am 17. Dezember 1903 in North Carolina, einen Flug mit einem Motorflugzeug von zwölf Sekunden Dauer durchzuführen. Die 1899 gebaute Maschine ist ein Doppeldecker, der mit einem Höhenruder und zwei Seitenrudern gesteuert wird.

Das Foto zeigt den Astronauten Neil Armstrong, der mit Edwin Aldrin am 20. Juli 1969 mit der Mondfähre „Eagle" auf dem Mond landete, den er tags darauf als erster Mensch betrat. Nach Expertenschätzungen haben etwa eine halbe Milliarde Menschen diesen Moment am Fernseher live mitverfolgt. Berühmt geworden ist Armstrongs Ausspruch: „Es ist ein kleiner Schritt für einen Menschen, aber ein großer Schritt für die Menschheit."

S. 113

Der Übersetzungstest fügt sich als mythologisches Sujet nahtlos in die zurückliegende Sequenz ein: Er schildert, wie Sisyphus vergeblich versucht, dem Tod zu entkommen. Anhand verschiedener Übungstypen wird noch einmal ein Großteil der in der Sequenz behandelten grammatischen Phänomene behandelt: Übung 1 wiederholt die Bildung der AcI-Konstruktion, Übung 2 thematisiert die PPP-Formen, Übung 3 ist eine Übersetzungsübung zum PPP und PPA.

III. Lösungsteil

1. Ausgewählte Lösungen zu den Lektionsübungen

Die folgenden Lösungen zu ausgewählten Übungen sind bewusst in großer Schrift und locker abgesetzt, damit sie ohne größeren Aufwand 1:1 auf Folie kopiert und im Unterricht eingesetzt werden können.

2

1 Bild 2: Ibi templum est. (Z. 6)
Bild 3: Hic statuae et monumenta sunt. (Z. 7)
Bild 4: Claudia et Marcus gaudent et salutant: „Salve!“ (Z. 11)
Bild 1: Iulia cessat et interrogat: „Ubi est Spurius?“ (Z. 15)

5 Wo ist Julia?

1. Hic forum est, hic templa et statuae sunt.
2. Hic servi properant, ibi domina properat.
3. Et Marcus iam adest.
4. Marcus interrogat: „Ubi est Iulia?“

3

2 Bild 1: exspectant, cessant, sedent, tacent
Bild 2: clamant, salutant, gaudent, rident, interrogant
Bild 3: laborant

1 propera-nt, mitt-it, cessa-t, vide-nt, acced-unt, gaude-t

2 sedent, cessat, mittit, sunt, accedunt, videt, interrogant

3 Ubi mercatores sunt? – Quid amici vident? –
Cur senatores cessant? – Porta iam patet. –
Mercatores non adsunt.

4 a) Etiam domini *adsunt.*
Auch die Herren sind da.
b) Senatores paulum *exspectant.*
Die Senatoren warten ein wenig.
c) Portae nondum *patent.*
Die Türen (Tore) stehen noch nicht offen.
d) Nunc amica *ridet.*
Jetzt lacht die Freundin.
e) Prope mercator *laborat.*
In der Nähe arbeitet der Kaufmann.

5 <u>Ortsangaben:</u> prope, ubi, hic, ibi
<u>Zeitangaben:</u> tandem, nondum, nunc, tum, statim

6 a) Ubi (quid) mercator laborat?
b) Iulia non (ibi, iam, nunc, etiam) laborat.

7 Markt: mercator – Portal: porta – Gaudi: gaudet.

8 **Soll ich hineingehen?**
1. Prope taberna est.
2. Rufus dominus accedit. Cessat et tacet.
3. Non intrat, nam porta non patet.

4. Nunc mercatores accedunt.
5. Statim intrant; clamant et rident.
6. Tandem etiam Rufus intrat et gaudet.
7. Nam filius iam diu hic sedet.

4 1 a) „Dominae, accedite, intrate, gaudete, ridete!"
b) Domina accedit, intrat, gaudet, ridet.
Dominae accedunt, intrant, gaudent, rident.

Substantiv:	porta – serve – amice – domina – amica – domine – templa
Verb:	intra – saluta – vide – accede – propera – este – es – gaude
Unpassend:	prope

4 Aurifex vocat: „Accedite et intrate, amicae!"
Dominae accedunt et salutant: „Salve, mercator!"
Tum intrant. Intus stant et gaudent.
Nam hic catenae et anuli iacent.

5 clamat – vocat / videt – spectat / accedit – intrat / gaudet – ridet / quaerit – interrogat.

Kauft Schmuckstücke!

1. „Dominae et domini, properate!
Accedite et statim intrate!

2. Videte et gaudete!
   Nam hic ornamenta iacent.
3. Hic aurum est, hic argentum est.
4. Accede, Cynthia! Accede, Quinte!
5. Cur ornamenta vobis non placent?“
6. Etiam serva prope stat.
   Quid spectat?
   Quid quaerit?

5

1 Aufforderung zum Platzmachen und Gruß (Z. 8)
Getragenwerden auf Sänfte (Z. 9)
Gruß des Volkes (Z. 11f.)

3 a) Servi lecticam portant.
b) Populus senatorem salutat.
c) Senator servos dimittit.
d) Senator signa et verba videt.
e) Senator clamorem non iam sustinet.
f) Senator curiam intrat.

2 a) Nominativ:
dominus, puella, portae
b) Akkusativ:
amicum, populos, mercatorem, filium, pecuniam, statuas
c) Nominativ und Akkusativ:
templa, senatores, monumentum, aurum, ornamenta

3 a) Mercator (dominos / dominas / amicam / senatorem) salutat.
b) Claudia (monumenta / amicos / ornamenta / amicas / mercatores) videt.

5 Fehlerhafte Formen: senatorem (N), filii (K), statua (K), monumentos (G), dominam (N), clamoros (D).

6 **Auf dem Weg zur Senatssitzung**

1. Servus **dominum** exspectat.
2. Iam Crispinus senator accedit;
servus **senatorem** salutat.
3. Senator et servus **forum** petunt.
4. Mercatores **senatorem** vocant:
„Salve, Crispine!
Eme **ornamenta**, eme **linteum**!"
5. Senator **clamorem** non diu sustinet.
6. Imprimis **Titum mercatorem** non amat.
7. Nunc **servum** dimittit et curiam petit.
8. Ibi turba **senatores** salutat et locum dat.

W1

L Carolus: „Hic est curia, Antonia. Porta iam patet. Intus statuae sunt. Ibi senatores accedunt. Senatores curiam petunt. Populus salutat senatores et locum dat. Nunc senatores curiam intrant. Coranus senator gaudet et ridet; nam videt Calvisium senatorem. Clamor sollicitat senatores. Itaque tacet nunc Coranus.

Ibi est basilica, Antonia. Mercatores iam adsunt. Nunc etiam dominae et domini, servi et servae accedunt. Mercatores salutant dominas et dominos. Dominus quaerit caseum. Itaque interrogat mercatorem: „Ubi iacet caseus?“ – „Ibi iacet caseus, domine.“ Dominus spectat et tangit caseum. Denique emit caseum.

1 a) Senatores templa petunt.
b) Accedite, domini!
c) Mercatores servos vocant.
d) Puellae equos tangunt.

2 a) Servi domin*um* (domin*am*, domin*os*, domin*as*) salutant.
b) Domin*us* (Domin*a*) fili*um* (fili*am*, fili*os*, fili*as*) quaerit.
(Domin*i*, Domin*ae*) fili*um* (fili*am*, fili*os*, fili*as*) quaerunt.
c) Servus statu*am* (statu*as*) portat.
Servi statu*am* (statu*as*) portant.
d) Accede, amic*e* (amic*a*)! Accedite, amic*i* (amic*ae*)!
e) Clamor equ*um* (equ*os*) sollicitat.

3 a) Tace, Marce!
b) Properate, servae!
c) Gaudete, amici!
d) Retinete equos, servi!
e) Salutate dominum, servi!

6

2 a) Balbus e taberna titubat.
b) Domina ad forum accedit.
c) Servus in taberna sedet.
d) Senatores ad curiam properant.

3 cum amico   cum filia   cum mercatore
cum dominis   cum servis   cum senatoribus

4 FELIX arborem vidit.
Statim ad arborem accedit.
Nunc in arbore sedet.
De arbore non descendit.

5 a) Puellae cum *amicis* ad *forum* descendunt.
In *via equos* vident.
Puellae *timorem* deponunt.
Equos sine *timore* tangunt.

b) In *foro* domini ad *mercatores* accedunt.
Cum *mercatoribus* de *pretio* agunt.
Mercatores a *dominis* pecuniam petunt.

7

3 tacere, locum dare (als Ausdruck der Ehrfurcht vor der Vestalin), Vestalis, templum, ara, dea

4 Servi M. Licinium Calvisium *lectica* portant.
Populus senatorem *verbis* violat.
Domini *in taberna* sedent.
Vestalis servum *ab iniuriis* servat.
Servus *auxilio* gaudet.

8 2 Konsonant-ingen: posco – petis – descendit – agimus – componitis – dimittunt
E-bach: moneo – pares – debet – prohibemus – habetis – sustinent
A-burg: libero – servas – dubitat – probamus – violatis – portant

3 ago –> agit –> agunt –> agimus –> agitis –> agis –> ago
iacet –> iacent –> iacetis –> iaces –> iaceo –> iacemus –> iacet
servamus –> servo –> servat –> servant –> servatis –> servas –> servamus

4 Linke Tür: amicus, servus, dominus, senator, mercator, fur, maritus, sceleratus, filius
Rechte Tür: amica, serva, domina, puella, filia

5 Das Sachfeld kann aus den Lektionsvokabularien des FELIX Neu-Begleitbandes entnommen werden.

6 **Claudia grillt Rotbarben**

1. Claudia: „Statim domum properare et cenam parare debeo. Nam amicam exspecto."

2. Paulina: „Si domum properas, Claudia, (ego) item domum propero. Turbam non iam sustineo. Paulum quiescere desidero.“

3. Marcus: „Consilium non reprehendo. Recte et bene agitis. Nunc mullos emo et cum Claudia cenam paro.“

9

2 habes -> habetis -> habent -> habet -> habeo -> habemus -> habetis -> habes

venis -> venitis -> veniunt -> venit -> venio -> venimus -> venitis -> venis

petis -> petitis -> petunt -> petit -> peto -> petimus -> petitis -> petis

3

<u>a-Konjugation:</u>	violare, orare, dare
<u>e-Konjugation:</u>	habere, retinere
<u>i-Konjugation:</u>	audire, venire, sentire, scire
<u>kons. Konjugation:</u>	agere, emere, deponere

4

petis (N)	furtis (W)	portis (W)
mittis (N)	maritis (W)	sentis (N)

6
1. fora
2. prope
3. dum
4. sed
5. sentis

10

1

1. Abschnitt:	custos
2./3. Abschnitt:	Subura
4. Abschnitt:	Capitolium
5. Abschnitt:	templa
6. Abschnitt:	dei
7. Abschnitt:	sol

2 a) amicis Dat. Pl. – amicum Akk. Sg. – amici Nom. Pl. / amicos Akk. Pl. – amico Dat. Sg.

b) periculum Nom. und Akk. Sg. – periculis Dat. Pl. – pericula Nom. und Akk. Pl.

c) femina Nom. Sg. / feminam Akk. Sg. – feminae Nom. Pl. / feminas Akk. Pl. – feminae Dat. Sg. – feminis Dat. Pl.

d) puella Nom. Sg. / puellam Akk. Sg. – puellae Nom. Pl. / puellas Akk. Pl. – puellis Dat. Pl. – puellae Dat. Sg.

3 a) In foro *senatoribus (mercatoribus, servis, custodi, populo)* occurrimus.

c) Auxilium *amico (amicae, seni, feminis)* promitto.

b) In Subura *periculis (sceleratis, furibus, plebi)* occurris.

d) Monumenta *amicis (amicis, comitibus, dominis)* ostenditis.

4 a) <u>sprechen:</u> quaerere, dicere, clamare, promittere, interrogare, monere, vocare

b) <u>wünschen:</u> appetere, desiderare, petere

c) laufen: venire, intrare, properare, accedere, occurrere

5 Dank für die Hilfe der Götter

1. Quintus filio et filiae ostendit:
2. „In templis deis occurrimus.
3. Deos statuis et simulacris colimus
   et deis donis gratias agimus.
4. Dei Romanis auxilium promittunt.
5. Mercurius non modo mercatoribus,
   sed etiam furibus adest.“

11

2 Partner A: Nos vos videmus.
Nos vobis paremus.
Nos vobiscum ridemus.

Partner B: Vos nos videtis.
Vos nobis paretis.
Vos nobiscum ridetis.

3 Hodie amicos exspecto.
Itaque coquus in forum descendit.
Ibi mullos et vinum emit.
Tum cibos in culina parat.
Interea vasa in atrium porto.
Non modo vinum, sed etiam aquam hospitibus do.

5 hospitem → hospitis → hospiti → hospites → hospitibus
periculum → periculi → periculo → pericula → periculis
vocem → vocis → voci → voces → vocibus
cibum → cibi → cibo → cibos → cibis
custodem → custodis → custodi → custodes → custodibus
furem → furis → furi → fures → furibus
viam → viae → viae → vias → viis
negotium → negotii → negotio → negotia → negotiis

6 a) Nos properamus, vos dubitatis.
b) Ego te voco, tu me audis.

W2

1 sentit → sentiunt → sentitis → sentis → sentio → sentimus
frangit → frangunt → frangitis → frangis → frango → frangimus
ridet → rident → ridetis → rides → rideo → ridemus
parat → parant → paratis → paras → paro → paramus

2 Verb: audire – adesse – dare
Präposition: ad – cum
Adverb: mox – interea – intus – subito
Substantiv: plebs – nex – comes – fur
Subjunktion: dum
Pronomen: tibi

3 1. Servus in taberna laborat.
2. Custos dominum a furto servat.

3. Ego vitium non rideo, sed tu vitium semper rides.
4. Femina pretium a mercatore quaerit.
5. Ego clamorem non sustineo, tu semper clamas.

4 Plural – Mehrzahl
Präsens – Gegenwart
Prädikat – Satzaussage
Infinitiv – Grundform
Genus – Geschlecht
Subjekt – Satzgegenstand
Imperativ – Befehlsform
Dativ – 3. Fall
Kasus – Fall
Attribut – Beifügung

5 b) porter – violer – libérer – venir – sentir
c) interrogare – donare – amare

12

1 a) Anna est filia Barbarae servae.
b) Anna gaudet, quia primum Romam relinquit.
c) Anna in vehiculo sedet.
d) Anna muros videt.
e) Claudia Annae monumenta ostendit.
f) Anna naturam loci laudat.

2 a-Dekl.: silvae – dearum – iniuriae – viarum – dominae
o-Dekl.: vitiorum – furti – ciborum – doni – consilii
3. Dekl.: pedis – hospitum – solis – custodum – comitis

4 1. Venite, amicae, ad villam!
2. Nunc amicae adsunt.
3. Claudia amicae villam ostendit.
4. Vocem amicae audimus.

5 venio -> veniunt -> veni -> venitis
scit -> sciunt -> scio -> sci

6 **Im Reich der Jagdgöttin Diana**

1. Hodie tecum in silva ludo.
2. Nonne tu naturam amas?
3. In umbra arborum donis naturae gaudemus.
4. Saepe senex e vico huc descendit.
5. Lignum domum portat.
6. Etiam voces feminarum audimus.
7. Aram Dianae deae ornant.

13 2 a) Puella puerum videt.
Das Mädchen sieht den Jungen.
b) Liberi dominam vocant.
Die Kinder rufen die Herrin.
c) Senex pueros salutat.
Der alte Mann grüßt die Kinder.
d) Populus mercatores exspectat.
Das Volk wartet auf die Kaufleute.
e) Avus liberis adest.
Großvater hilft den Kindern.

3 A c) – B e) – C b) – D a) – E d)

4

nox	tenebrae	vinea	ager	silva
fons	arbor	natura	aura	umbra

5 a) Servus in **agris** laborare *debet.*
Der Sklave muss auf den Äckern arbeiten.
b) *Ministri* aquam fontium e **montibus** in agros ducere *debent.*
Die Helfer müssen das Wasser der Quellen aus den Bergen auf die Äcker leiten.
c) **Cibum** emere *debemus.*
Wir müssen Nahrung kaufen.
d) Negotia in **foro** agere *potestis.*
Ihr könnt den Geschäften auf dem Marktplatz nachgehen.
e) **Pueri** avo adesse *possunt.*
Die Jungen können dem Großvater helfen.
f) In Subura manere non *debes.*
Du darfst nicht in der Subura bleiben.

14 1 Xanthippus equos ducit.
Barbara fabulas pulchras narrat.
Habinnas cum fabris et servis viam renovat.
Servi laborare pergunt.

2 a) pueri laeti, puellae laetae, liberi laeti, seni laeto, mercatores laeti (laetos), vocibus laetis.
b) servum probum, amicam probam, senatori probo, liberi probi, mercatoribus probis.
c) villae antiquae, vasa antiqua, simulacra antiqua, deorum antiquorum, urbes antiquae (antiquas).
d) pauci (paucos) hospites, paucis arboribus, paucos ministros, pauca dona, paucorum comitum.

3

Sg.	amicus	amici	amico	amicum	amice	amico
Pl.	amici	amicorum	amicis	amicos	amici	amicis
Sg.	senator	senatoris	senatori	senatorem	senator	senatore
Pl.	senatores	senatorum	senatoribus	senatores	senatores	senatoribus
Sg.	puella	puellae	puellae	puellam	puella	puella
Pl.	puellae	puellarum	puellis	puellas	puellae	puellis

5 **Die Arbeit der Sklaven**

1. Lucius mercator nonnullos agros in montibus Albanis colit.
2. Saepe amici et hospites mercatoris labores duros paucorum servorum reprehendunt.
3. Servi probi saxis murum aedificare debent.
4. Modo equos in agros ducunt, modo aquam e fonte arcessunt.

15

2 discedunt – sentiunt – colunt – componunt – cupiunt – audiunt – agunt – sciunt

4 Verb in der 2. Pers. Sg.:

agis (agere) cupis (cupere) facis (facere)
frangis (frangere) scis (scire) vendis (vendere)
venis (venire) vis (velle)

Substantiv Gen. Sg.:

corporis (corpus) oneris (onus) muneris (munus)
noctis (nox) senis (senex) urbis (urbs)
vocis (vox) vulneris (vulnus)

Substantiv im Dat. bzw. Abl. Pl.:

agris (ager)	furtis (furtum)	liberis (liberi)
muris (murus)	pueris (puer)	tectis (tectum)
verbis (verbum)	viris (vir)	

5 vis, vides, volo, voco
Die übrigen Formen sind teils Substantive (vitio, viris, vicis, viis, viros, voces),
teils Personalpronomen (vos, vobis).

16

2 a) Puella, quae puerum videt, contenta est.
Puella, a qua auxilium petis, amicos exspectat.
Puella, cui fabulae placent, gaudet.
Puella, cuius avus agros vastos habet, ad fontem ludit.
Puella, quam hic vides, ridet.

b) Puellae, quae puerum vident, contentae sunt.
Puellae, a quibus auxilium petis, amicos exspectant.
Puellae, quibus fabulae placent, gaudent.
Puellae, quarum avus agros vastos habet, ad fontem ludunt.
Puellae, quas hic vides, rident.

3 Z. 6 capras, quas (Akk. Pl. *f*)
Z. 8 laborem, quem (Akk. Sg. *m*)
Z. 9 Pater meus, cui (Dat. Sg. *m*)
Z. 11 familia nostra, quam (Akk. Sg. *f*)

4 agri, agrorum *m*
condiciones, condicionum *f*
senes, senum *m*
onera, onerum *n*
hospites, hospitum *m*
montes, montium *m*
munera, munerum *n*
custodes, custodum *m*
urbes, urbium *f*

5 ubi – iterum – umeri – rides – desinis – statim – monet – etiam – iam – ama – amant – antiqui – quibus – solis

6

Pedal: pes	Körper: corpus	miserabel: miser
Kondition: condicio	ignorierte: ignorare	stationär: stare
Hospital: hospes	Fraktur: frangere	auskurieren: curare

17 **2**

Würfel gelb:	vocabas	clamabam	dabant
Würfel grün:	tenebatis	ridebamus	gaudebam
Würfel orange:	audiebant	sciebat	veniebam
Würfel rot:	tangebam	agebas	alebatis
Würfel ocker:	poteramus	eram	cupiebat

6 a) Trudetia et Chrysanthus servi sunt.
b) Trudetia semper proba est, Chrysanthus saepe probus est.
c) Avus iam senex est, sed contentus est.
d) Avus agros et aedificia ostendit; agri vasti sunt, aedificia magna sunt.
e) Claudia et Anna amicae sunt.
f) Liberi laeti sunt et ludunt.

W3

1 <u>Singular:</u>

a) Puella, quae mecum ludit / quam video, amica Claudiae est.

b) Negotium, quod mercatores agunt / quo gaudetis, mihi non placet.

c) Homo, cui in foro occurrimus / qui multa promittit, senator est.

<u>Plural:</u>

a) *Puellae, quae nobiscum ludunt / quas videmus, amicae* Claudiae *sunt.*

b) *Negotia, quae* mercatores *agunt / quibus* gaudetis, *nobis* non *placent.*

c) *Homines, quibus* in foro occurrimus / *qui* multa *promittunt, senatores sunt.*

2 voco –> vocabam –> vocabamus –> vocamus –> vocant –> vocabant –> vocabas –> vocas

facio –> faciebam –> faciebamus –> facimus –> faciunt –> faciebant –> faciebas –> facis

volo –> volebam –> volebamus –> volumus –> volunt –> volebant –> volebas –> vis

gero –> gerebam –> gerebamus –> gerimus –> gerunt –> gerebant –> gerebas –> geris

teneo –> tenebam –> tenebamus –> tenemus –> tenent –> tenebant –> tenebas –> tenes

possum –> poteram –> poteramus –> possumus –>

possunt -> poterant -> poteras -> potes
audio -> audiebam -> audiebamus -> audimus ->
audiunt -> audiebant -> audiebas -> audis

3

comiti	**a**rboribus	**p**lebi	**i**ncendio
tenebris	**o**neri	**l**oco	**i**niuriis
umbrae	**m**ercatori		

(Lösungswort: Capitolium)

custodum	**o**nerum	**l**aborum	**o**rnamenti
senum	**s**enatoris	**e**pistularum	**u**rbium
montium			

(Lösungswort: Colosseum)

18 2 z.B.

audivisti	debuerunt	monuistis
fui liberavit	laudaverunt	
terruimus	volui	discesserunt

3 z.B.

Z. 3f.	multos annos ... agebam:	Zustand
Z. 4	delevit:	einmaliges Ereignis
Z. 5	petebant:	Hintergrundinformation
Z. 5	texerunt:	einmaliges Ereignis
Z. 5	pellebant:	Hintergrundinformation
Z. 6	exstinxit:	einmaliges Ereignis
Z. 8	erat:	Zustand
Z. 9f.	multas horas ardebant:	Zustand
Z. 12–17:	Perfekt:	einmalige Ereignisse

19 2 omne periculum
nox omnis
senum tristium
viri nobilis (viri nobiles)
magnas (magnae) arbores
familiae nobiles (nobilis, nobili)

omnem: Genus – omnium: Kasus
omni: Kasus – omnes: Numerus
tristem: Numerus und Kasus – triste: Genus, Kasus, Numerus
magnos: Genus – nobili: Kasus

3 a) In magno periculo sum, eram, fui / sumus, eramus, fuimus.
b) Auxilium petit, petebat, petivit / petunt, petebant, petiverunt.
c) Nuntii accedunt, accedebant, accesserunt.
d) Periculum times, timebas, timuisti / timetis, timebatis, timuistis.
e) Voces tristes audio, audiebam, audivi / audimus, audiebamus, audivimus.
f) micos invenire vis, volebas, voluisti / vultis, volebatis, voluistis.
g) Homines ad montes discedunt, discedebant, discesserunt.

20 2 Video ...
a) mercatorem laborare

b) viros equos tenere
c) homines in viis stare
d) puerum ludere
e) puellas discedere
f) nuntium accedere
g) amicos litus petere
h) familiares in villam properare

3 v-Perfekt: scivisse, spectavisse, delevisse, servavisse
u-Perfekt: tacuisse, terruisse, retinuisse, debuisse, studuisse
s-Perfekt: texisse, sensisse, decessisse

5 im-mittere: hineinschicken
re-mittere: zurückschicken
ad-ducere: heranführen
in-ducere: (hin)einführen
e-mittere: (her)ausschicken
ab-ducere: wegführen
de-ducere: wegführen
pro-ducere: vorführen

21 2

v-Perfekt:	mutavit, scivi, paravit, audivi, cognovi, petivisti
u-Perfekt:	monuit, voluit, paruit, habui
s-Perfekt:	accessit, exstinxit, texit
Reduplikation:	tetigit, ceciderunt
Dehnung:	vidit
ohne Stammveränderung:	descenderunt, effugi

Zusätzlicher Briefkasten mit Aufschrift „Präsens“:
tegit, videt, descendo, patent, parent

22

2

id litus	eam fortunam	ei (eo) studio
eae (eas) naves	eius (ii) animi	ea tempora
ii (eos) sermones	eorum gladiatorum	eam suspicionem
ei oneri	iis condicionibus	de eo homine

3 theatrum (22L): fabula, actor, spectator, scaena, persona, argumentum, libellus, sententiae

amphitheatrum (23L): caedes, nex, ludi, gladiator, arena, violare, arma

4 a) componere b) portare c) procedere d) regere e) studere

23

2

sie freut sich:	gaudet
er rettet sich:	se servat
sie bemühen sich:	student
sie nimmt eine Gefahr auf sich:	periculum subit
er pflegt sich:	se curat / colit
sie bewegt sich nicht:	non se movet
sie beeilt sich:	properat

W4

1 v-Perfekt: flere, flevisse, petere, petivisse, cognoscere, cognovisse, audire, audivisse

u-Perfekt: studere, studuisse, habere, habuisse, timere, timuisse

s-Perfekt: manere, mansisse, intellegere, intellexisse, iubere, iussisse, sentire, sensisse, aspicere, aspexisse

Dehnung: vincere, vicisse, videre, vidisse

Reduplikation: currere, cucurrisse, cadere, cecidisse, tangere, tetigisse

ohne Stammveränderung:
defendere, defendisse, descendere, descendisse

2 actionibus **l**ongis — crimen **a**cerbum — **b**revi tempore
omnes homines — villae **r**usticae — noctem **a**tram
virorum **n**obilium — verba **t**ristia
(Lösungswort: laborant)

3 z. B. fortis, fortes, fontis, fontes, montes, montis, portas, portis, noctis, noctes

4 z. B. eorum, earum, murum, atrum, virum, forum, aurum furum

24

2 „Vos non video, quia hic atrum est."
„Omnes adsumus, quamquam spectare nos non potes. Postquam corpus equi intravimus, nos quoque nihil spectavimus.
Sed quia iam diu adsumus, te videre possumus."
„Pst! Dum Troiani equum in urbem ducunt, tacere debemus."

3 a) konzessiv b) konditional c) temporal d) temporal
e) kausal

5 Troiani Graecos non iam viderunt. Qui navibus litus relinquebant. Magnus equus in litore stabat. Quem Troiani in urbem ducere cupiebant. Laocoon id prohibere voluit. Cuius consilio Troiani non parebant. Ita iuvenes Graeci in urbem venire poterant. Qui cunctas portas Troiae aperuerunt.

6

1. FELIX contendit	se semper probum et contentum esse.
2. FELIX contendit	se semper amicas suas iuvare et iuvisse.
3. FELIX contendit	se amicas per vias oppidi ducere.
4. FELIX contendit	amicas auxilio gaudere.
5. FELIX contendit	se quoque gratia amicarum gaudere.

<u>3–5 mit Demonstrativpronomen:</u>

3. FELIX contendit	se eas per vias oppidi ducere.
4. FELIX contendit	eas auxilio gaudere.
5. FELIX contendit	se quoque gratia earum gaudere.

25 3

cessant	rident	cenat	iubet
iudicatis	possunt	pareo	paramus
indicatis	sum	estis	es
sum	absumus	deest	possum

4

terrebit	debebis	audiam
ducent	delebitis	cadetis
facient	facies	erunt
descendam	frangetis	ignorabimus
aperies	contendet	erimus
existimabo	exstinguent	deerit

5

appetet	**r**idebunt	**a**lemus
narrabitis	**e**ris	**a**edificabunt

(Lösungswort: aranea)

6 H: „Senatoribus saepe villae pulchrae sunt.
Et mercatoribus semper pecunia est."
P: „Mihi neque villa neque pecunia est."
H: „Quid tibi est?"
P: „Magnum bonum mihi est: Nihil peto."

7

Fußballfinale: finis	frustriert: frustra
defensiv: defendere	Siegermentalität: mens
Initiative: initium	Ballartistik: ars
demonstriert: demonstrare	Videoaufzeichnung: videre

26 **2** Übersetzungsvorschläge:

gleißende Sonne	mit heftigem Zorn	eine grelle Stimme
feurige Pferde	schwere Strafen	

3 vulnera *vehementia* timemus
adulescentes *celeres* video
multi homines vitam *miseram* agunt
puella in equo *celeri et pulchro* sedet
regi *magno et potenti* placuit fabulam in theatro spectare
clamor puerorum *felicium* magnus est
equi *acres* aquam appetunt
iniuriae *recentes* nos violant.

4 regunt -> regebant -> regent -> rexerunt
auges -> augebas -> augebitis -> auxistis
divido -> dividebam -> dividam -> divisi

6 Salve, Marce!
Tu mihi deeris. Nisi ades, laetus non ero. Diu amici erimus, semper tibi adero, saepe mihi aderis. Nunc vos aberitis, sed amicitia numquam aberit.
Vale!

W5

1 a) bauen b) bahnen c) machen d) verrichten e) begehen f) veranstalten g) schließen

2

1. rapio	2. cupio	3. actio	4. natio
5. debeo	6. iubeo	7. maneo	8. teneo
9. curro	10. narro	11. intro	2. ultro
13. virgo	14. pergo	15. tango	16. longo

27 **3** Brevi tempore laborem perficiam.
Iam multas horas vos exspectamus.
Temporibus antiquis Roma caput orbis terrarum erat.
Eo anno multa discebatis.
Reges mali paucos annos regunt.

4

cursum: Akk. Sg.	manibus: Abl. Pl.	usu: Abl. Sg.
casus: Nom. Pl.	vultum: Akk. Sg.	impetu: Abl. Sg.

7 Startlizenz: licet – Kurs: cursus – Serpentinen: serpens – sensibel: sensus

8

konditional: Bedingung	kausal: Begründung
temporal: Zeitverhältnis	konzessiv: Einschränkung

9

mons	respondere	pax
classis	exstinguere	imperium
nomen	terrere	natio
narrare	condicio	

28 **2** a) res – b) dei – c) te – d) iterum – e) filium

4 Mercator *res* pulchras habet. Semper custos *rerum* suarum esse debet. Tamen *die* tristi fures duodecim ornamenta rapuerunt. Mercator multos *dies* tristis erat. Sed numquam sine *spe* erat. Magnam *fidem* amicorum in *rebus* angustis non ignorabat. Qui profecto post paucos *dies* furem comprehenderant.

5 Plus: plus — Prozent: pro; centum

Fazit: facere — dezimiert: decimus

29 2 a) wir werden gerettet: servamur

b) du wirst getrieben: ageris

c) ihr werdet gehört: audimini

d) er wird gefunden: invenitur

f) sie werden befreit: liberantur

g) ich werde berührt: tangor

3 <u>Aktiv-ingen:</u>

decerno – sperant – comprehendis – reperimus – fundit – praebetis

<u>Passiv-ingen:</u>

sollicitamur – ducimini – redditur – audior – corripiuntur – moneris

4
- <u>eine Person als „Täter":</u>
  Europa <u>a Iove</u> conspicitur.
  <u>Quo</u> portor?
  Europa <u>a patre</u> desideratur, ... <u>ab eo</u> ... invenitur.

- <u>eine Ursache:</u>
  Iuppiter <u>amore</u> capitur.
  Europa <u>timore</u> terretur ...

- <u>weder ein „Täter" noch eine Ursache:</u>
  Itaque nuntii ... mittuntur.

5 a) Europa a tauro rapitur.
b) Europa ab amicis non iam conspicitur.
c) Pater Europae verbis puellarum terretur.
d) Pater magno timore sollicitatur.

30 3 Iterum atque iterum pueri et puellae ab Atheniensibus in Cretam **mittebantur.**
Immer wieder **wurden** Jungen und Mädchen von den Athenern nach Kreta **geschickt.**

Athenienses: „Liberi in labyrinthum ducentur.
Die Athener: „Die Kinder **werden** in ein Labyrinth **geführt werden.**

Ibi a Minotauro **invenientur** et **corripientur** et **occidentur.**
Dort **werden** sie von Minotaurus **gefunden, ergriffen** und **getötet werden.**

Quis nobis **auxilio veniet?**
Wer wird uns **zu Hilfe kommen?**

Postquam Theseus in Cretam navigavit, Aegeus Atheniensibus **promisit:**
Nachdem Theseus mit dem Schiff nach Kreta gesegelt war, hat Ägeus den Athenern **versprochen:**

„Minotaurus a Theseo **vincetur.**
„Minutaurus wird von Theseus **besiegt werden.**

Ita ab eo animali crudeli **liberabimur.**"
So **werden** wir von ihm von dem grausamen Lebewesen **befreit werden.**"

4
- Konserve (conservare):
  a) Lebensmittel in einer Dose oder einem Glas, das durch spezielle Behandlung haltbar gemacht worden ist
  b) auf einem Tonträger festgehaltene Aufnahme
  c) kurz für Blutkonserve

- Ventil (ventus):
  a) Absperrvorrichtung an Leitungen, z. B. für den Durchlass von Gasen
  b) bewegliche Klappe an der Orgel zur Regelung der Windzufuhr
  c) mechanische Vorrichtung bei Blechblasinstrumenten
- Alternative (alter): freie Entscheidung zwischen zwei Möglichkeiten

- konvertieren (convertere):
  a) verschiedene Währungen gegeneinander tauschen
  b) zu einem anderen Glauben übertreten
  c) Informationen auf einen anderen Datenträger übertragen

31 **1** Das Relief ist Teil eines römischen Sarkophags aus dem 2. Jh. n.Chr. und zeigt folgende vier Szenen:
Zunächst sieht man Dädalus, wie er (mit einem Bildhauerwerkzeug) einen Flügel bearbeitet (Z. 5f.: pennas ... cera ligavit). Hinter ihm (ganz links außen) steht eine weibliche Figur, die, als wollte sie ihm helfen, ihre rechte Hand unter Dädalus' Arm legt. Als Attribut trägt sie eine Art Diadem; vielleicht handelt es sich um die Personifikation der Kunst.
In der nächsten Szene probiert Ikarus die Flügel an, auf beiden Seiten flankiert von zwei Gestalten: Links kniet, an den Kopfflügeln zu erkennen, eine Schicksalsgöttin (Moire). Vermutlich steht sie, indem sie die „Schicksalsrolle" emporhebt, symbolisch für das nur ihr bekannte künftige Geschehen. Rechts steht Apollon mit einem Lorbeerzweig und sieht erstaunt oder vielmehr besorgt auf den jungen Mann.
Ihm folgt wieder Ikarus, wie er sich gerade in die Luft erhebt (Z. 9: Ecce, pater, ..., ego quoque in aere pendeo).
Die letzte Szene zeigt den traurigen Ausgang der Geschichte: Der tote Ikarus liegt auf einer Art Hügel, vor ihm die More, die nun aus der geöffneten Rolle das Schicksal verkündet, über ihm vielleicht eine Gottheit, die auf das Geschehen blickt.
Im Gegensatz zur Darstellung im L-Stück reiht das Relief die einzelnen Szenen gleich einem Film aneinander und kann außerdem – anders als in der schriftlichen Version – symbolträchtige Figuren einfügen. Im Text sind die

handlungstragenden Passagen durchsetzt von Dialogszenen, die zum Teil als retardierendes und damit spannungserzeugendes Element fungieren.

2
- du holst -> du bist geholt worden
- ich mahne -> ich bin gemahnt worden
- wir retten -> wir sind gerettet worden
- ihr ergreift -> ihr seid ergriffen worden
- sie rauben -> sie sind geraubt worden

4
- Daedalus et Icarus servati sunt.
- Multas insulas Icarus conspexit.
- Eo conspectu Icarus delectatus est.
- Constat alas Icari sole deletas esse.

5 a) Minotaurus in labyrintho **clausus erat.**
Minotaurus war im Labyrinth eingeschlossen.

b) Animus Thesei ab Aegeo **laudatus est.**
Der Mut des Theseus ist von Ägeus gelobt worden.

c) Liberi Atheniensium a Theseo **servati sunt.**
Die Kinder der Athener sind von Theseus gerettet worden.

d) Postquam Minotaurus **necatus est**, Theseus cum Ariadna Cretam reliquit.
Nachdem Minotaurus getötet worden war, hat Theseus mit Ariadne Kreta verlassen.

e) Athenienses: „A magno dolore **liberati sumus!**"
Die Athener: „Wir sind von großem Schmerz befreit worden!"

6 a) bestrafen – b) bestrafen – c) beschenken

7 laudatus eram / Plqupf. Pass.
relicta sum / Perf. Pass.
delebatur / Impf. Pass.
capieris / Fut. Pass.
audimini / Präs. Pass.

32 2
- audis -> audivisti -> auditus es -> auditus eras -> auditi eratis -> auditi estis -> audivistis
- doceo -> docui -> doctus sum -> doctus eram -> docti eramus -> docti sumus -> docuimus
- respicio -> respexi -> respectus sum -> respectus eram -> respecti eramus -> respecti sumus -> respeximus
- laudabat -> laudavit -> laudatus est -> laudatus erat -> laudati erant -> laudati sunt -> laudaverunt

3 L 31

clausi sumus	Inf. Präs. Akt.:	claudere
	Inf. Perf. Akt.:	clausisse
collectae erant	Inf. Präs. Akt.:	colligere
	Inf. Perf. Akt.:	collegisse
factae sunt	Inf. Präs. Akt.:	facere
	Inf. Perf. Akt.:	fecisse

superata est	Inf. Präs. Akt.:	superare
	Inf. Perf. Akt.:	superavisse
relicta est	Inf. Präs. Akt.:	relinquere
	Inf. Perf. Akt.:	reliquisse
captus erat	Inf. Präs. Akt.:	capere
	Inf. Perf. Akt.:	cepisse
deletae sunt	Inf. Präs. Akt.:	delere
	Inf. Perf. Akt.:	delevisse
captum esse	Inf. Präs. Akt.:	capere
	Inf. Perf. Akt.:	cepisse

L 32

inventa est	Inf. Präs. Akt.:	invenire
	Inf. Perf. Akt.:	invenisse
auditus est	Inf. Präs. Akt.:	audire
	Inf. Perf. Akt.:	audivisse
perterriti sunt	Inf. Präs. Akt.:	perterrere
	Inf. Perf. Akt.:	perterruisse
correpti erant	Inf. Präs. Akt.:	corripere
	Inf. Perf. Akt.:	corripuisse
sublati sunt	Inf. Präs. Akt.:	tollere
	Inf. Perf. Akt.:	sustulisse
motus ... est	Inf. Präs. Akt.:	movere
	Inf. Perf. Akt.:	movisse
volutum erat	Inf. Präs. Akt.:	volvere
	Inf. Perf. Akt.:	volvisse
liberati erant	Inf. Präs. Akt.:	liberare
	Inf. Perf. Akt.:	liberavisse

4 (A) Ibi Graeci consederunt et exspectaverunt.
(B) Tum manus ad comites infelices tentae sunt.
(C) Nunc magnum saxum a Polyphemo sublatum est.

5
- Ulixes tam ingens animal quam Polyphemum adhuc non conspexerat.
- Ingentibus membris (per)territus est.
- Statim ad exitum speluncae respexit.
- Volvit: „Quomodo speluncam relinquere possumus?“
- Tum duo comites a Polyphemo correpti sunt et necati sunt.
- Saxum ante exitum volutum est.
- Nunc Graeci cognoverunt: Clausi sumus.

6 a) audiebam – agebam – vocabo – capiebam
b) vocabunt – monebo – audient – capiunt – agam
c) vocas – mones – audis – ages – capis
d) veni – dei – tetigi – laudavi – monui
e) consedi – tetendi – movi – claudi – feci
f) movetis – volvitis – speratis – cepistis – tollitis

33 2 Auf den ersten Blick zeigt sich dem Betrachter des Vasenbildes die Blendung des Polyphem (Z. 13ff. ... palum ... ad Polyphemum movere ... oculum ... exstinxerunt). Die Darstellung hält jedoch auch die im Text vorangehende Szene fest, in der der Kyklop durch Odysseus trunken gemacht wird: In seiner Rechten hält er die – von Odysseus

gereichte – Weinschale (Z. 11f. ... Polyphemo vinum ... dedit. Qui ... bibit).

2 Mögliche Zettelkombinationen sind:

- Graeci gaudent
- Graeci servati sunt
- Graeci liberati sunt
- Graeci servati gaudent
- Graeci liberati gaudent
- Servati gaudent
- Liberati gaudent
- Graeci servati
- Graeci liberati
- servati sunt
- liberati sunt
- Ulixes gaudebat
- Ulixes laudatus est
- Ulixes laudatus gaudebat
- Laudatus gaudebat
- Ulixes laudatus
- laudatus est

3
- Dädalus verband die vom Sohn gesammelten Federn.
  Dädalus verband die Federn, die vom Sohn gesammelt worden waren.

- Dädalus und Ikarus haben das von allen Seiten von einem riesigen Meer eingeschlossene Kreta durch die Luft verlassen.
  Dädalus und Ikarus haben Kreta, das von allen Seiten von einem riesigen Meer eingeschlossen war, durch die Luft verlassen.

- Der von Freude erfasste Ikarus rief mit lauter Stimme:
  Ikarus, der von Freude erfasst war, rief mit lauter Stimme:

- „Mit den vom Vater erfundenen Flügeln schwebe ich in der Luft."
  „Mit den Flügeln, die vom Vater erfunden worden waren, schwebe ich in der Luft."

- Die von der Sonne zerstörten Flügel sind ins Meer gefallen.
  Die Flügel, die von der Sonne zerstört worden waren, sind ins Meer gefallen.

Mit einem Adverbialsatz könnte das Partizip im ersten (temporal), dritten (kausal) und fünften (temporal, kausal) Satz übersetzt
werden.

4 a) *Ulixes a Graecis saepe laudatus* comites e periculis liberavit.
Der von den Griechen oft gelobte Odysseus hat die Gefährten von den Gefahren befreit.

b) Graeci *saxum a Polyphemo ante exitum volutum* movere non potuerunt.
Die Griechen konnten den Stein, der von Polyphem vor den Ausgang gewälzt worden war, nicht bewegen.

c) Ulixes *Graecis crudelitate Polyphemi perterritis* spem fecit.
Odysseus machte den Griechen, als sie durch die Grausamkeit des Polyphem sehr erschreckt waren, Hoffnung.

34 1 Beide Abbildungen zeigen die entscheidende letzte Szene der in L geschilderten Episode: den Weg der Eurydike aus dem Tartarus; begleitet wird sie von Orpheus und Hermes. Hinzuweisen ist bei beiden Darstellungen auf die Unterschiede hinsichtlich der Positionierung der drei Figuren zueinander. Auf dem antiken Relief sind sie nebeneinander angeordnet. Rechts hat sich Orpheus umgewandt und berührt Eurydike. Sie hält mit ihrer linken Hand seine Schulter. Die Blicke beider sind aufeinander gerichtet. Damit ist alles entschieden. Hermes, der Seelenbegleiter, fasst Eurydike am Arm und signalisiert so ihr künftiges Schicksal: Sie wird wieder in die Unterwelt zurückkehren.

Während auf dem Relief das seelische Geschehen der beiden Hauptfiguren die Darstellung dominiert, sind Marcks' Figuren abstrakter und symbolträchtiger gestaltet. Sie stehen auf den aus dem Tartarus führenden Treppen entsprechend der Aussageintention der Erzählung. Orpheus (als weiße Figur das Leben verkörpernd) steht auf der obersten besetzten Stufe, da er zurückkehrt in die irdische Welt. Hermes (als schwarze Figur die jenseitige Welt symbolisierend) hat die unterste Position. Eurydike steht zwischen beiden, aber – ganz anders als auf dem Relief – etwas abseits auf der Treppe, an die Wand gelehnt, von Orpheus abgewandt und in schwarz-weiß gestaltet. Sie steht in der Darstellung somit zwischen Leben und Tod, obwohl Orpheus eindeutig den Blick zurück zu ihr wendet. Marcks lässt in diesem Bild die Konsequenz von Orpheus' Handeln offen.

2 a) exitus a Polyphemo clausus
Polyphemus exitum **claudens**

b) saxum ante exitum a Polyphemo volutum
Polyphemus saxum ante exitum **volvens**

c) Polyphemus stultus ab Ulixe deceptus
Ulixes Polyphemum stultum **decipiens**

3 a) Hercules leonem interficiens magnam virtutem demonstravit.

- Herkules, der den Löwen tötete, bewies große Tüchtigkeit.
- Dadurch, dass Herkules einen Löwen tötete, bewies er große Tüchtigkeit

b) Europa a tauro cursum non vertente abducitur.

- Europa wird von dem Stier, der den Kurs (Lauf) nicht drehte, weggeführt.

c) Taurus Europam de salute desperantem per mare portavit.

- Der Stier trug Europa, die die Hoffnung auf Rettung aufgab, durch das Meer.
- Der Stier trug Europa durch das Meer, während sie die Hoffnung auf Rettung aufgab.

d) Ariadna Theseo Minotaurum non timenti filum dedit.

- Ariadne gab Theseus, der den Minotaurus nicht fürchtete, einen Faden.

e) Laetitia Icari per caelum volantis magna fuit.
- Die Freude des Ikarus, der durch die Luft flog, war groß.
- Die Freude des Ikarus war groß, während er durch die Luft flog.

f) Timor Graecorum Polyphemum conspicientium magnus fuit.
- Die Furcht der Griechen, die den Polyphem erblickten, war groß.
- Die Furcht der Griechen war groß, als sie den Polyphem erblickten.

g) Gloria Orphei carmina canentis magna est.
- Der Ruhm des Orpheus, der Lieder sang, war groß.
- Der Ruhm des Orpheus war groß, weil er Lieder sang.

4 a) Orpheus *arte sua animos animalium movens* fortunam malam non effugit.
b) Uxor Orphei *a serpente interfecta* ad umbras mortuorum descendit.
c) Ab Orpheo *carmina canente* multi mortales delectati sunt.
d) Arbores saxaque ad Orpheum *voce dulci canentem* accesserunt.

5 <u>regere</u> : regina – regio – regnum – rex

W6

1 a) Romani narraverunt lupam Romulum et Remum aluisse.
b) Constat Romanos multis populis imperavisse.
c) Scimus Romanos saepe contra Germanos pugnavisse.
d) Audivistis multa aedificia pulchra in urbe Roma esse.

2
- depositum (-> deponere): abgelegt
- dictum (-> dicere): gesagt
- concessum (-> concedere): zugestanden
- defensum (-> defendere): abgewehrt

3 a) Der vor Schmerzen oft bewahrte Odysseus gelangte zur Insel der Phäaken.
- Nachdem Odysseus oft vor Schmerzen bewahrt worden war, gelangte er zur Insel der Phäaken.

b) Der sich über die Hilfe der Phäaken freuende Odysseus beschloss dennoch, nicht lange auf deren Insel zu bleiben.
- Obwohl Odysseus sich über die Hilfe der Phäaken freute, beschloss er dennoch, nicht lange auf deren Insel zu bleiben.

c) Der die Heimat vermissende Odysseus wurde von ihnen in die Heimat gebracht.
- Weil Odysseus die Heimat vermisste, wurde er von ihnen in die Heimat gebracht.

d) Odysseus hörend, dass junge Männer in seinem Haus sind, beschloss:
- Als Odysseus hörte, dass junge Männer in seinem Haus sind, beschloss er:

e) „Ich werde die in meinem Haus lebenden jungen Männer besiegen.
- „Ich werde die jungen Männer besiegen, weil sie in meinem Haus leben.

g) Die jungen Männer werden mich, das Haus betretend, nicht erkennen."
- Die jungen Männer werden mich, wenn ich das Haus betrete, nicht erkennen."

f) Dann besiegte Odysseus zusammen mit seinem Sohn die ihre Kräfte mit überheblichen Worten lobenden jungen Männer.
- Dann besiegte Odysseus zusammen mit seinem Sohn die jungen Männer, während / obwohl sie mit überheblichen Worten ihre Kräfte lobten.

35 2 Titus, qui erat praeclarae virtutis, feminam amavit. Cui multas res magni pretii donavit. Iulia autem eum non amavit: Eum senem putabat – hominem multorum annorum.
Iulia Publium adulescentem amavit. Publius quidem ei res parvi pretii donavit, sed semper mentis laetae erat.

3 a) Ii, quibus civitas nondum erat, a Romanis barbari vocati sunt.

b) Postea omnes, qui neque servi neque servae erant, ab imperatore Caracalla cives Romani facti sunt.

36 2 a) Europa a Iove territa clamavit.

c) Sol alas a Daedalo factas delevit.

b) Polyphemus comites corripiens Ulixem terruit.

d) Pluto Orpheo uxorem desideranti condicionem dedit.

e) Milites in provinciam missi fines imperii defenderunt.

f) In thermis magna pecunia aedificatis etiam hypocausta sunt.

3 Unterordnung

a) In alter Zeit glaubten die Menschen, dass in den Quellen Göttinnen seien. Diese nannten sie Nymphen.

b) Indem die Menschen bei einer Quelle ruhten, entkamen sie der Hitze des Tages; während sie die Stimmen der Vögel hörten, lobten sie die Geschenke der Natur.

c) Immer wieder gingen Nymphen zu den Menschen, während sie unter den Bäumen saßen, und hörten ihren Gesprächen zu.

d) Nicht selten entbrannte eine Nymphe in Liebe, wenn sie einen schönen jungen Mann sah.

e) Nicht selten führte eine Göttin einen jungen Mann mit sich, weil er ebenso in Liebe brannte.

f) Aber manchmal führten die Nymphen (auch) junge Männer weg, obwohl sie Widerstand leisteten.

Beiordnung

[b] Die Menschen ruhten bei einer Quelle und entkamen so der Hitze des Tages; sie hörten die Stimmen der Vögel und lobten dabei die Geschenke der Natur.

[c] Die Menschen saßen unter den Bäumen und dabei gingen immer wieder Nymphen zu ihnen und hörten ihren Gesprächen zu.

[e] Nicht selten brannte ein junger Mann ebenso in Liebe und deshalb führte die Göttin ihn mit sich.

[f] Manchmal aber leisteten junge Männer Widerstand und trotzdem führten die Nymphen sie weg.

Präpositionalausdruck

{b} Durch die Ruhe an einer Quelle entkamen die Menschen der Hitze des Tages; beim Hören der Vogelstimmen lobten sie die Geschenke der Natur.

{c} Immer wieder gingen Nymphen zu den Menschen während ihres Aufenthaltes unter den Bäumen und hörten ihren Gesprächen zu.

{d} Im Falle des Blicks auf einen schönen jungen Mann entbrannte nicht selten eine Nymphe in Liebe.

{e} Nicht selten führte eine Göttin einen jungen Mann mit sich wegen seines Liebesfeuers.

{f} Aber manchmal führten die Nymphen (auch) junge Männer trotz ihres Widerstandes mit sich.

4 a) Omnes cives iuvat thermas a Romanis aedificatas visitare.

b) Cives amicos thermas intrantes salutant.

c) Etiam [mercatores] in thermis negotia [agentes] vident.

5 • **Zweiendig**: grandis, similis, brevis, omnis
• **Dreiendig**: opportunus, praeclarus, iucundus, magnus, ambo, clarus, totus, nullus, novus, longus, verus, gratus, liber, varius, celer, latus

37

2 • Dieses Mädchen ist neun Jahre alt – jenes Mädchen ist acht Jahre alt.
• Dieses aber ist vornehm – jenes eine Sklavin.
• Diese spielt – jene arbeitet.
• Das Gesicht dieser ist fröhlich – das Gesicht jener ist traurig.
• Diese unterrichtet ein griechischer Lehrer – jene unterdrückt der Herr.

3 a) Marcus: „Quis [hic] patronus est?“
b) Publius: „Tune [hunc] ignoras? [Huic] nomen Gaius est. [Hic] vir magnae artis est: Orator praeclarus est. [Ille] Plinius eum [hanc] artem docuit.“
c) Marcus: „Nomen [illius] viri iam audivi. Nam libros [illius] omnes non ignorant. [Illi] avunculus fuit, qui sub monte Vesuvio decessit.“

W7

1 • illa verba:	jene Worte	→ Sg.: illud verbum
• his causis	jenen Gründen	→ Sg.: huic causae
	durch diese Gründe	→ Sg.: hac causa

• illae provinciae	jene Provinzen	-> Sg.: illa provincia
• harum aedium	dieser Tempel	-> Sg.: huius aedis
• illarum avium	jener Vögel	-> Sg.: illius avis
• illum captivum	jenen Gefangenen	-> Pl.: illos captivos
• hae cohortes	diese Kohorten	-> Sg.: haec cohors
• hoc animal	jenes Tier	-> Pl.: haec animalia
• hos dolores	diese Schmerzen	-> Sg.: hunc dolorem
• haec frons	diese Stirn	-> Pl.: hae frontes
• hi fructus	diese Früchte	-> Sg.: hic fructus
• illos auctores	jene Verfasser	-> Sg.: illum auctorem
• illius luminis	jenes Lichtes	-> Pl.: illorum luminum
• his auribus	diesen Ohren	-> Sg.: huic auri
	durch diese Ohren	-> Sg.: hoc aure
• huius membri	dieses Gliedes	-> Pl.: horum membrorum
• hoc oculo	durch dieses Auge	-> Pl.: his oculis
• illam pennam	jene Feder	-> Pl.: illas pennas
• illo scelere	durch jenes Verbrechen	-> Pl.: illis sceleribus
• illius diei	jenes Tages	-> Pl.: illorum dierum

2 a) Liberi a parentibus laudati gaudebant.

b) Corinna et Anna foris ludentes matrem aspiciunt.

c) Non omnes homines a nobis amici appellati in rebus adversis amici veri sunt.

d) FELIX liberis res difficiles non intellegentibus consilium dat.

3
- Denjenigen, der Besitz raubt, nennen wir Dieb.
- Einen Dieb halten wir für einen Verbrecher.
- Einen Verbrecher halten wir für einen Feind aller Menschen.
- Feind aller Menschen nennen wir denjenigen, der Besitz raubt.

38 2 a) Die Konsuln sorgten für die Bürger.
b) Auch die Konsuln waren nicht ohne den Rat anderer; deshalb fragten sie die Senatoren um Rat.
c) Die Konsuln müssen den Zorn zurückhalten, während sie den Staat lenken.

3 Wie du weißt, haben uns die Plebejer verlassen. Da sagte ein Senator in der Kurie: „Senatoren! Wir haben versucht, die Götter durch Bitten und flehentliches Bitten zu besänftigen. Nichts haben wir erreicht. Es gibt eine einzige Rettung: Wir müssen die Plebejer überzeugen. Dies ist deine Aufgabe, Menenius." Darauf unternahm Menenius, nachdem er eine kleine Schar versammelt hatte, mit uns eine Reise zum Heiligen Berg. Bald darauf umgaben uns Plebejer. Ich begriff, dass wir in den Händen feindlicher Bürger waren; ich fürchtete die Hinrichtung! Das aber, was sich dann ereignete, werde ich immer im Gedächtnis behalten. Menenius sprach: „Ich werde euch

weder schimpfen noch werde ich euch Geschenke geben. Ich werde euch nur folgende Geschichte erzählen." Dann ...

5 Zeile 1: decedebat
Zeile 2: decipitur
Zeile 3: adduxeris
Zeile 4: perficiebant – perfecerint
Zeile 5: promiserint – promittunt

39 2
- adire: adieras, adeuntis, adite
- abire: abeunt, abierit
- adesse: aderas, adsunt
- abesse: aberat

Schwarze Schafe: aedes, ium *f* – aditus, us *m*

4 a) Romani proelium ineunt / inierunt.
Proelium a Romanis initur / initum est.
b) Vos consilium initis / inistis.
c) Mater liberos tectum ineuntes verbis laetis excipit / excepit.
d) Verecunda gaudet Mogetissam tandem redire / redisse.
e) Cincinnatum multi adeunt / adierunt.
f) Numquam modum transire oportet.
g) Hercules duodecim labores subit / subiit.
Hercules quoque Alpes transit/transiit.
h) Si duodecim annos in ludum ieritis, vos omnes manibus vestris hoc tenebitis: „Abitur!"

5
- periit → perierunt → pereunt
- inibimus → inibo → iniero
- adieras → adieratis → adibatis
- adibam → adibamus → adieramus
- subierit → subierint → subibunt
- redit → redeunt → redierunt.

6
a) Die Soldaten *eilten* in die Provinz.
Hierauf *kämpften* sie mit den Feinden.
Einige *behaupten*, dass die Feinde tapfer waren.

b) Neulich traf ich einen Freund. Viele Freunde waren *zusammengekommen*.

c) Wenn Laura *da sein* wird, wird sie mir *helfen*.

d) Das Meer wird von der Kraft der Winde *getrieben*.

e) Publius fragte den Kaufmann nach dem Preis. Dieser aber *überlegte* sich im Geiste den Preis und antwortete: „Du wirst es nicht kaufen können!"

f) In alter Zeit *verehrten* die Römer die Götter.

g) Diejenigen, die Äcker *bewirtschaften*, werden Bauern genannt.

8
- vendidit → venditus est → venditur → vendit
- accipiet → accipietur → acceptus erit → acceperit
- servavit → servatus est → servatur → servat
- credet → credetur → creditum erit → crediderit
- accepi → acceptus sum → accipior → accipio

40

3 a) Die einen sagten, dass der Friseur Schuld habe, die anderen sagten, dass der Sklave dieselbe Schuld habe.

b) Die Mädchen spielen mit ihren Freundinnen, dieselben dürfen aber ihre Beschäftigungen (Studien) nicht vernachlässigen.

c) Cincinnatus war ein Mann von energischer Gesinnung, derselbe verzieh aber den Feinden.

4 a) Du lobst immer allein dich – die Tüchtigkeit anderer Menschen siehst du nicht.

b) Christus persönlich sagte: „Liebe deinen Nächsten wie dich selbst."

c) Ich allein habe alles dies erreicht.

d) Die Gänse schnatterten. Gerade dadurch wurde Manlius aus dem Schlaf aufgeweckt.

e) Cincinnatus legte unmittelbar nach dem Sieg das Diktatorenamt nieder.

f) Wenige halten Gajus für einen ehrenhaften Mann. Aber genau diesen will Claudia heiraten.

5 **Roms tapfere Greise**

Nachdem das Volk auf das Kapitol weggegangen war, glaubten die ehrenhaften alten Männer, es sei der Römer unwürdig, vor dem Feind zu fliehen. Sie sagten, dass sie in ihren Häusern die Gallier erwarten und den Tod selbst auf sich nehmen wollten.

Wenig später eroberten die Gallier die Stadt weder durch einen Angriff noch mit Gewalt. Dieselben fürchteten aber eine List und vernachlässigten deshalb die Beute; nicht einmal die Häuser betraten sie, sondern sie gingen durch die Gassen und betrachteten die Denkmäler der Stadt. Weil die Türen offen standen, erblickten sie in den Eingängen der Häuser alte Männer, die dort unbewegt wie Bilder saßen. Deshalb hielten die Gallier die alten Männer für die Götter selbst.
Nachdem aber einer von den Galliern den Bart des Senators M. Papirius berührt hatte, wurde ihm großer Schmerz zugefügt: Der alte Mann nämlich schlug mit einem Stock auf seinen Kopf. Da verstanden die Gallier, dass die Greise keine Götter sind. Aus Zorn töteten sie alle.

41 2

velle	nolle	malle
vis	non vis	mavis
volebatis	nolebatis	malebatis
voluerunt	noluerunt	maluerunt
vultis	non vultis	mavultis
voluisti	noluisti	maluisti
volueramus	nolueramus	malueramus
voluisse	noluisse	maluisse
vult	non vult	mavult

3 Noli / Nolite pacem cum Romanis facere!
Schließe / Schließt keinen Frieden mit den Römern!
Noli / Nolite pecuniam ab hostibus accipere!

Nimm / nehmt kein Geld von den Feinden an!
Noli / Nolite hostes fugere!
Flieh / Flieht nicht vor den Feinden!
Noli / Nolite mortem timere!
Fürchte / Fürchtet den Tod nicht!

4 volebas: nolebas
voluit: noluit
vult: non vult
maluistis: noluistis
malebant: nolebant
malo: nolo

5 **Lieber ein kleines Haus!**
Einst wollte sich ein berühmter Mann ein kleines Haus bauen.
Der Architekt aber, dem er befohlen hatte das Haus zu bauen, dachte bei sich: „Warum will ein so berühmter Mann lieber ein kleines Haus besitzen als ein großes?"
Deshalb sagte er: „Warum willst du kein großes Haus besitzen?" Der Mann antwortete: „Ein großes Haus ist wenig wert. Denn in ein großes Haus kommen nicht immer wahre Freunde."

42 1 Ubi Hannibal exercitus Romanorum vicit?
- Hannibal exercitus Romanorum multis in regionibus vicit.
- Hannibal exercitus Romanorum ad Cannas vicit.

Ubi Hannibal castra collocavit?
- Hannibal castra in montibus urbi (Romae) propinquis collocavit.

Quid cives Romani de salute desperantes clamaverunt?
- Cives Romani de salute desperantes clamaverunt: „Hannibal ante portas!“

Quis copias Hannibalis in Africa vicit ?
- Publius Scipio copias Hannibalis in Africa vicit.

Quo Hannibal fugit?
- Hannibal in Syriam fugit.

3 *attributiv verwendete Adjektive:*

omnes gentes (Z. 1) – *multos* elephantos (Z. 5) – *multis* in regionibus (Z. 10) – in montibus urbi *propinquis* (Z. 13) Dei *immortales* (Z. 16)

prädikativ verwendete Adjektive:

Mulieres *frequentes* templa adibant, *tristes* ad caelum manus tollebant, *supplices* deos implorabant. (Z. 15f.) – Scipio *laetus* Romam rediit. (Z. 23)

4

aliquam amicitiam	alicuius consulis
alicui templo	alicui exercitui
aliquorum itinerum	aliquibus operibus
aliqua consilia	aliquo conspectu

aliquarum rerum	aliquos pontes
aliquam gentem	aliquibus hominibus
alicuius itineris	aliquorum iudicum

5
- Hamilcar Hannibalem ad **aliquam** aram duxit.
  Hamilkar führte Hannibal zu (irgend)einem Altar.
- Hannibal scivit patrem sibi **aliquid** dicere velle.
  Hannibal wusste, dass sein Vater ihm irgendetwas sagen wollte.
- **Aliquis** Hannibali adfuit; ita in Syriam fugere potuit.
  Irgendjemand hat Hannibal geholfen; so konnte er nach Syrien fliehen.
- In Syria Hannibal ab **aliquo** proditus est.
  In Syrien wurde Hannibal von irgendjemandem verraten.
- Num **quis (!)** audivit Hannibalem Romam cepisse?
  Hat etwa irgendjemand gehört, dass Hannibal Rom eingenommen hat?